続 子供がこえる学び

予測困難な
社会を生きぬく子

東京学芸大学附属小金井小学校 編著

東洋館出版社

はじめに

　2020（令和 2）年度より、本校では「『こえる学びの拡〔　〕学習環境デザイン」という研究主題において校内研究を推〔　〕れは、それ以前に取り組まれてきたテーマ「『こえる学び〔　〕ザインの追究」（2017 年〜 2019 年）を発展させた内容でも〔　〕

　当研究テーマのキーワードとなる「こえる学び」および〔　〕とは何でしょうか。簡潔に述べれば、「こえる学び」とは、〔　〕学びに取り組み探究して自分の知識・技能を育んでいくとと〔　〕や気付きを自身で振り返ることで、自らの思考や行動をよ〔　〕う学びの姿勢です。能動的かつ発展的で、柔軟な学習形態〔　〕

　また、「こえる学びの拡張」とは、ある授業（または単〔　〕子供が、その後も自発的に学び続け、その学びを活用し〔　〕とです。そのような学習が発揮される場面は、他教科も〔　〕校生活・行事、家庭生活、自分が関わる社会等というよ〔　〕す。そうすることで、自分自身や自分が生きる社会を充〔　〕

　OECD（経済協力開発機構）は、未来の教育を標榜〔　〕ロジェクト” を国際的に推し進めています。その中核〔　〕cy”（エージェンシー）があります。Agency は、概〔　〕会＝well-being（ウェル・ビーイング）の創造に向け〔　〕できる総合的な力をいいます。上述の「こえる学び」〔　〕張」を主眼においた教育は、その Agency の醸成に〔　〕しょう。

　本書は、各教科部の授業実践において見て取れ〔　〕「こえる学びの拡張」につなげるための教員の工夫〔　〕境デザイン」の見解も交えつつ紹介しています。〔　〕らの人生を開いていくことにつながる授業づくり〔　〕

第3章　ICT 実践事例 & 小金井小の一年

小金井小の一年

※本文中では、「Microsoft® Windows® 10」のことを「Windows 10」または「Windows」、「Microsoft Teams®」のことを「Teams」と記述しています。

第 1 章
「こえる学び」を目指して

予測困難な時代を生きぬく　子供たちへ

　グローバリゼーションが進展し、加速するテクノロジーの進化によってあらゆるものを取り巻く環境が複雑さを増してきた。現代、そしてこれからの時代は、変動し（Volatility）、不確実で（Uncertainty）、複雑で（Complexity）、曖昧な（Ambiguity）時代、いわゆる VUCA 時代と呼ばれている。こういった先行きが不透明で予測困難な時代においては、答えのない課題に向き合い、適切な問いをたて、情報を収集・活用して問題を解決できる柔軟な力を兼ね備えており、経験したことがない状況においても、優れたパフォーマンスを発揮することができる人材が求められている。これまで比重の高かった断片的な知識や技能の習得だけでなく、人間の全体的な能力（コンピテンシー）の育成に目を向ける動きとなったことは、至極当然のこととも言える。これは、教育の現場においても同様である。国立教育政策研究所では、社会の変化に対応する資質・能力（コンピテンシー）として、21 世紀型能力を提案している。また、2020 年度より小学校で施行されている新学習指導要領においても、従来のコンテンツベースの教育から、コンピテンシーベースの教育への転換が図られ、知識の理解の質を高め資質・能力を育む「主体的・対話的で深い学び」「各学校におけるカリキュラム・マネジメントの確立」等が求められ、そこからも、コンピテンシーが、知識や技能よりも一段階上位に位置付けられていることが読み取れる。

　それと時を同じくして、あたかも足並みを揃えるかのように始まったコロナ禍は、教育現場を大いに混乱させた。まさに「予測困難」な状況にあり、教育というものの力、ひいては我々教師一人一人のスキルや能力を問われているかのようにさえ思えた。制約の多いこの状況において、我々教師がこれまで経験して得た技能や能力を引き出し、汎用することによって複雑なニーズに応じる能力である。しかし、視点を変えてみれば、コロナ渦によって生活スタイルの変更を余儀なくされたことは、慣例化した学校生活の意義を問い直し、新たな

学校教育を見直す良い機会となったとも言える。コロナ禍という予測困難な状況においても、新学習指導要領で示されている「社会に開かれた教育課程の実現」の理念のもと，子供の学びが学校でとどまることなく，実生活へと学びが継続し、実践したり広がったり深まったりしていくことが大切なのである。

　本校では、2013年度より子供の学びを主体化させるための研究に重点を置き，「学習環境デザイン」を礎とした授業を展開してきた。子供たちには、教師がデザインした活動、空間、共同体（美馬・山内，2005）等の学習環境を主体的に結び付け、学びを進めていく中で、活発に思考を進めることが有用である。また、思考を重ねることが困難な子供や、学びを深められない子供に対しては、子供の様子や反応に応じて「教師の意図的な仕掛け」を講じながら、学習環境デザインを変容させていくことの大切さなのである。

　2017年度からは、学校研究テーマを『「こえる学び」を生む学習環境デザインの追究』と設定し、学びゆく中で見られる子供の「没頭・実践・往還」の姿に着目しながら、主体的な学びをより具現化させてきた。この「こえる学び」の研究を継続しつつ、さらに、自分が知っていること以上の知識についての理解を深めようとしたり，他の知識と結び付けて新たな価値を見出したり，状況や環境を自ら働きかけたりする力を目指し，自分の生き方の範囲を拡げるという意味を込め、2020年度より、研究テーマを新たに「こえる学びの拡張」とした。Engeström（1987）は，拡張的学習活動は諸行為から新しい活動への拡張をコントロールすることの大切さを主張し、伝統的な科学は基本的に道具を生産する活動であるのに対し、拡張的学習活動は活動を生産する活動であることを述べている。これを本研究に当てはめて考えてみると、これまでの学習環境デザインの構築や学習指導の手立てによる成果を十分に発揮させ、子供が「こえる学び」として得た知識や技能、スキルを軸としながら、教科の枠を外した新しい活動を生産すべく、それらを汎用的に活用していく姿、そして、生きるための実働的な姿の実現を展望していくことにあると捉えている。

　「こえる学び」から「こえる学びの拡張」へとつなげてきた本研究が、子供たちにとっての「予測困難な時代を生きぬく力」となりますように。

研究部長　濵田　信哉

「こえる学びの拡張」を視野に入れた学習環境デザイン

① 本校研究の背景

　本校の子供は学習に対して前向きな姿勢を感じます。低学年のうちから学ぼうとする学習意欲や、調べようとする探究心の高さが見られます。しかし、授業が終わった後、その学びは学校生活や日常の生活の中で役に立っているのでしょうか。学んだことをどのくらい発揮したり、行動に移してみたりできているのでしょうか。学校のきまりや習慣を守って生活することはできても、自ら学び得たことを生かし、新たな発想や取り組みを起こせる子はそう多くないように見えます。

　『今ある自分の力を生活の場で存分に発揮できる子供になってほしい』

　本校職員は子供たちにそのような願いをもつようになりました。まずは学校の授業で「こえる学び」を実現させる。そして、その授業後に子供が「こえる学びの拡張」を自ら起こしていく。これは、研究の視点を授業や単元だけにとどめるのではなく、学校生活や一般社会で生きる子供の姿にまで広げ、子供が自ら学び続けたり、自ら学びを実践したりすることができる新たな学習環境づくりについて考えることにしました。

② 「こえる学び」から「こえる学びの拡張」へ

(1)「こえる学び」とは

　本校は 2017 年度より「こえる学びを生む学習環境デザインの追究」という視点で授業研究を行ってきました。この研究から、教師がデザインした活動、空間、共同体（美馬・山内、2005）等の学習環境を子供たちが主体的に結び付けて学んだり、思考したりしながら活発に思考を進めることの成果を得るとともに、授業を構成する際に"学習環境をデザインする"ことの重要性を得ました。

　そして、「こえる学び」とは、子供が与えられた状況や環境に甘んじること

なく、自ら様々な学習環境に働きかけながら、自分の知識や技能を高めようとしたり、もっとよい考えがないかを追究したりするような学びです。いわゆる、授業で先生の話を一生懸命に聞いて理解する一方通行な学びや、あらかじめ用意された教材等で学習を進め、そこで満足してしまうような思考が広がりにくい学びではなく、授業で子供自らが学びをつくり、自らが探究し、それらの学びを自身で振り返ることができる姿です。

(2)「こえる学び」の姿と学習環境デザイン

授業で「こえる学び」を目指すことで、具体的な子供の姿として、

> ・自身が知っていること以上に知識理解を深める姿
> ・他の知識と結び付けて新たな価値を見出したりする姿　　　等

が挙がります。このような、自分に限界を作らない子供を育てるために、教師は指導や発問の工夫、主体的に学ぶことができる子供のための学習環境をデザインしていかないといけません。本校教師は一人一人が各教科部に属し、日々教科研究を行っています。その専門性を生かし、教科に応じた多様な「こえる学び」を授業で示しました。

(3)「没頭」「実践」「往還」

授業で「こえる学び」を生むには子供が「没頭」したり「実践」したり「往還」したりすることができるような具体的な子供の姿を描き、それらが発揮できるための学習環境の場を提供することが大事と考えました。「こえる学び」が生まれるための主な学習環境デザインは以下の3点です。

> 没頭
>
> 　没頭することは、意識してできることではなく、様々な条件や環境が作用してできる状態（鹿毛、2013）であり、集中、熱中、夢中という姿を含んでいる。子供が課題や対象に向かうことで、知的、情意的、身体的な面で自分の知らぬ間に内在する力を発揮できるような学習環境デザインをつくります。

実践

　実践するとは、学んだことを試行していくことです。子供が自分の学び
を自覚することにもつながります。授業を行うにあたって子供は未習や未
知のこと、多様な方法や考え方があることに出会います。それらの課題に
ついて、これまでの知識や技能、経験等を駆使して解決していくような学
習環境デザインをつくります。

往還

　往還するとは、学びを振り返ることです。自分の学びを創造したり更新
したりするためには、直線的に課題や問題に進むだけではなく、自分のこ
れまでの知識と課題や対象の間を行ったり来たりして考える必要がありま
す。このような過程を通して、課題や対象が自分事となっていくことを期
待します。自分は何を解決しようとしているのか、何ができるようになっ
たのかを振り返りながら自分の学びの成長を実感し、次時の「学びたい」
「学んでよかった」という主体的な意欲を生むような学習環境デザインを
つくります。

(4)「こえる学び」から「こえる学びの拡張」へ

　子供のこえた姿が授業および単元終了後に実の場でも発揮され、「没頭」「実
践」「往還」が継続される場面として、他教科での授業場面、学校での生活や
行事場面、家庭での生活場面、社会における自分との関わりの場面等が挙がり
ます。子供が主体的に学び続け、他者と関わり合いながら学んだ知識や技能を
深めることができるようにすることが、これからの未来で必要な力になるで
しょう。こういった、授業での「こえる学び」で得られた教科の本質が十分に
生きる、広い視野での新たな学習環境デザインを柱にしていく必要があると考
え、「こえる学び」の後に生きる「こえる学びの拡張」という新たな研究テー
マを掲げました。

③ 「こえる学びの拡張」

(1)「こえる学びの拡張」とは

「こえる学びの拡張」は以下のような子供の姿です。

> 学習を終えた子供が自発的に学び続けたり、
> 　　　　　学んだことを発揮したり実践してみたりする姿

これは、自分が知っていること以上の知識についての理解を深めたり、他の知識と結び付けて新たな価値を見出したり、状況や環境を自ら働きかけたりする力を目指し、自分の生き方の範囲を拡げるという意味が込められています。Engeström（1987）は、拡張的学習活動は諸行為から新しい活動への拡張をコントロールすることの大切さを主張し、伝統的な科学は基本的に道具を生産する活動であるのに対し、拡張的学習活動は活動を生産する活動であることを述べています。授業で教師が設定した学習環境デザインや指導の手立てによる成果を十分に発揮させながら、子供がこえた姿を基に教科の枠を外した新しい活動を生産し、生きるための実働的な姿の実現を願ったものです。

授業後に「こえる学びの拡張」として学んだことが発揮される場面は学校生活をはじめ日常生活や自身が関わる社会です。また、今後の授業等の学習など広い捉えをしています。

「こえる学びの拡張」が発揮される場

学校生活：本校の教育目標である「明るく思いやりのある子、強くたくましい子、深く考える子」を実現し、楽しい学校生活を送ることができる。
　　　　　（休み時間、特活、委員会、他単元での学習 など）

日常生活：家庭での生活、また生涯における自身の諸課題に対して、自己調整しながら自分自身を高めていくことができる。
　　　　　（登下校、日常生活、子供自身が関わるコミュニティ など）

社会生活：リスク社会や労働、災害等を自分事として見直し、自身の生き

方についてどのように受け止め、向き合っていくか考える。
（子供の将来、生き方 など）

（2）「こえる学びの拡張」で求められる汎用的スキル

　"学んだことが発揮される"とは、学習した教科内容や知識が役に立つ活用的な捉えではなく、子供が授業で身に付けたスキル（力）をどのように発揮させていくか、行動に移していくかです。そこで、OECD が提言するキー・コンピテンシー（資質・能力）を基に、人間育成の観点に沿った本校の子供たちに求められる必要な汎用的スキルについて整理しました。その結果、「学習に直接関わる認知学習スキル」と「生活や人生に関わる非認知能力」の 2 つに整理することができ、14 項目のスキルを設定しました。

学習に関わる認知学習スキル（7 項目）	生活や人生に関わる非認知能力（7 項目）
①批判的思考力	⑧メタ認知スキル
②問題解決	⑨創造性・感性
③協働	⑩意欲・探究心
④コミュニケーション能力	⑪忍耐力・回復力
⑤先を見通す力	⑫自己認識
⑥情報収集能力	⑬社会適性
⑦他者への受容	⑭自制心

（3）「こえる学びの拡張」を視野に入れた新たな学習環境デザイン

　「こえる学びの拡張」は、主に授業後に先で述べたスキルが発揮されることです。なので、私たち教師はそれを学校の授業や単元を通して醸成し、学校生活全般で発揮される様子を支援していかないといけません。よって、「こえる学びの拡張」を実現させるためには、学校の授業で「こえる学び」をより具体化、明確化していくとともに、学習環境デザインを「こえる学びの拡張」まで視野を広げたものに改編しました。まずは、「こえる学び」を活性化・見える化するために、授業で仲間と関わりながら思考を広げたり自身の学びを見つめ直すことができたりする新たな場面を学習環境デザインに取り入れました。

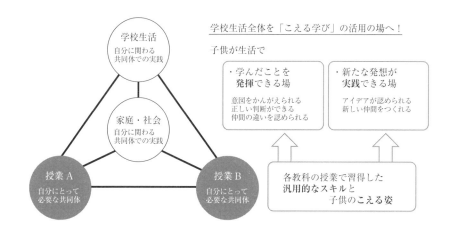

①他者と関わる場づくり

　子供たちが学びに対してどのような力や意識を有しているかを調査した結果、創造性・感性、協働する力、他者への受容が高かったことから、本校の子供たちは「感性が豊かで、仲間を受け入れ、協働する子」である可能性が見えてきました。これは、人との関わりを大切にする力があるものと判断できます。そこで、他者と関わる活動に着目した学習環境をデザインすることで、「こえる学び」の活性が起きるのではないかと考えました。

> 他者との関わりに着目した「こえる学び」と「こえる学びの拡張」までを
> 視野に入れた新たな学習環境デザイン
> ・他者との関わりを通して、学びの振り返りや、見通しが持てる意識化
> ・自分の「こえるべき学習」を他者と伝え合いながら、互いの「立ち向かう壁」や「こえた姿」を認め合える関係性の形成
> ・他者と関わり合った学び合いを通して相手の考えに意味づけをしたり価値付けたりすることができる自由な場づくり。また、教師の見取りの支援

　このように、仲間に言葉で伝え合ったり、態度で表したり、他者を意識したり求めたりしながら学ぶことができる学習環境を新たにデザインすることで、これまで子供一人で成し遂げようとしていた「こえる学び」の学習過程をより

表出できることが期待できます。

②他者との関わりから生まれる「こえる学びの拡張」

　他者との様々な関わり合いを行うことは、子供自身の思考をより活発にするだけでなく、子供の自尊感情を高めます。これは「こえる学びの拡張」につながっていくものと考えました。

他者と関わることで高まる「こえる学び」

・"話し合う"ことで自身の課題に対してより「没頭」できる。

・"友達と共に行う"ことでより自信をもった「実践」ができる。

・"友達の考えを受け入れる"ことで学びを「往還」し、新たな考えがもてる。

　その他にも「こえる学び」に直結する関わりとして、"友達の悩みを察する"ことで手を差し伸べたり、"友達の力を借りる"ことで、自分の課題解決に役立てたり、"友達と共に"解決したり、"友達の成功を受け入れ"ながら自身の行為を振り返ったり"友達の立場になって"表現したりすることが挙げられます。

④ 「こえる学びの拡張」につながる具体的な実践研究 （研究の方法）

①教科を基盤とした授業研究

　「こえる学び」は、各教科の特性を生かした授業を基盤にし、教科ならではのスキルを発揮させながらテーマの実現を目指していきます。そのため、研究組織として教科部を編成し、教科部ごとの「こえる学び」を目指した教科部テーマを提示して、実践に取り組みました。各教科の授業で起きる子供一人一人の「こえる学び」を仲間と共に探究できるような手立てを講じ、教科ならではのスキルの特性と、子供の伸びゆく姿について議論しました。

②「こえる学び」「こえる学びの拡張」を視野に入れた授業計画

　授業実践では「こえる学び」として「没頭」「実践」「往還」の姿が発揮され

る視点を設けて単元の指導計画および授業立案を行いました。「こえる学びの拡張」は主に授業後に見られる子供が学び続けたり、行動に移したりする態度なので、授業内での見取りは困難です。しかし、授業で子供が拡張しようとする意欲や、学び続けたくなる気持ちの持続を教師が仕掛けることは可能です。そこで、「こえる学びの拡張」は子供が学習後にどのように学び続けるか、行動に移すかなどを教師が描きながら指導計画を作成することにしました。

③「こえる学びの拡張」の見取り

　「こえる学びの拡張」は、授業で学んだことが後に発揮される子供自身の行為になります。一教科の一授業で見られる拡張もあれば、いくつかの授業で長期的に獲得したスキルもあるでしょう。こういった子供の姿は学校全体で複数の教師の目で見取っていく必要があります。しかし、見取りには限界があり、はっきりと見取れないものがほとんどです。見取りの研究は今後の課題として検討していかなくてはいけません。本研究では授業者を中心に、授業後の学習感想や授業中の行動を見取りました。

　後頁の各教科部による実践事例は、「こえる学び」の研究成果、「こえる学びの拡張」につながる教師の手立てをまとめております。

研究推進　三井　寿哉

参考文献

Engeström, Y (1978)『Learning by expanding:An activity-theoretical approach to deveropmental research. Helsinki: Orienta-Konsultit.』[エンゲストローム／山住勝広ほか訳（1999）.「拡張による学習：拡張理論からのアプローチ」新曜社

Engeström, Y., Engeström, R., & Kärkkäinen, M.（1995)『Polycontextuality and boundary crossing in expert cognition: Learning and problem solving in complex work activities』

鹿毛雅治（2013)『学習意欲の理論－動機付けの教育心理学』金子書房

美馬のゆり・山内祐平（2005)『「未来の学び」をデザインする－空間・活動・共同体』東京大学出版会

第2章
実践編

「くらべてびっくり！　どうぶつの赤ちゃん」

ことばの感度を高め、批判的思考を身に付けていく授業

大村　幸子

　学びとは、教師が一方的に与えるものではなく、授業の中で、教師と学習者（子供）がつくり上げていくものであると考えています。子供は、既にもっている知識をもとに、他者（教材、筆者、友達）と対話しながら、自ら、実生活に生きて働く知識を再構築しながら、学びを深めていくのです。

　本授業では、教材文「どうぶつの赤ちゃん」を取り上げ、他者と対話しながら「くらべてびっくり！」を読むこととしました。この活動を通して、ことばに立ち止まり批判的思考を働かせて文章と向き合う姿が見られることを期待しました。

1　「こえる学び」と「こえる学びの拡張」

国語科における「こえる学び」とは、

① 既有の知識や経験と結び付けて、筆者のことばや論理を理解しようと没頭する姿

② 理解したことや他者との学びを生かして、筆者の論理や文章の価値を多面的に見ようとしたり、本質に迫ろうとしたりして実践する姿

③ 筆者の論理から学んだことを自覚し、自分の認識を広げて読んだり考えたりしながら、自分を更新していく姿

と捉えています。小学校1年生は、教材文の内容そのものに興味をもって読む姿が多く見られますが、小学校1年生であっても、筆者を意識させることで、

筆者のことばや見方・考え方に驚きや感動をもって読み進めることができるのではないかと考えています。本実践においても、ことばに込めた筆者の思いや、事例を対比的に説明する筆者の意図に気付き、「くらべてびっくり！」を読もうとしていました。①や②の姿であると言えるでしょう。

　また、そうした読みを普段の読書活動に生かそうとする姿が見られました。増井氏が書いた「どうぶつの赤ちゃんシリーズ」を読み、対比的に感想を述べたり、読み取ったことをもとに「どうぶつの赤ちゃん」のオリジナル説明文を書いたりする姿です。③の姿と言えるでしょう。

　こうした姿は、授業後に、「こえる学びの拡張」として、様々な場面で見られるようになります。例えば、他の説明文を読む際に、今回学んだ読み方を生かして読んだり表現しようとしたりする姿や、納得しながら文章を読み進めようとする姿などです。その都度、声をかけ、子供たちの学びを価値付けるようにしています。

2　「こえる学びの拡張」を視野に入れた学習環境デザイン

（1）テクストを教材化する

　小学校１年生は、教材文「どうぶつの赤ちゃん」の内容そのものに興味をもち、新しいことを知る喜びを原動力に読み進めていきます。ですから、文章の構造や筆者の論理に自ら気付いていくことは難しいと思われます。

　そこで、教材文と出合わせるときには、まずは、「初めて知った」「面白い」というわくわく感を存分に表現させることを大切にしています。その感動を記述させ、発表させることで、子供のことばが詰まった教材になります。子供のことばをつないでいくと、子供の思いに合わせた学習課題を立ち上げることができます。

Ｃ１：ライオンの赤ちゃんは小さくて、お母さんがお世話をしているけれど、しまうまの赤ちゃんは、自分で立って歩けてすごい。ぼくたちは、どうだったのかな。

Ｃ２：しまうまの赤ちゃんは、なんで、最初から立って歩けるのかな。他の動物に襲われないようにするからかな。鹿はどうなのかな。

Ｃ３：私は、猫が好きです。猫の赤ちゃんのことも知りたいです。

本実践では、これらの感想を１枚のシートにまとめて、読み聞かせをしながら、紹介しました。その後のやりとりを通して、「好きな動物について、生まれたばかりの様子や大きくなっていく様子を調べて、「くらべてびっくり図鑑にまとめよう」という学習課題が立ち上がっていきました。

また、本実践では、教師が作成した文章（右図）を提示し、本文と比べて読む時間を設定しました。子供たちは、本文との違いにすぐに気付き、文章の構成や表現について、自分の考えを発表していました。最初は、文章の構造や筆者の論理を読むことは難しいと予想していましたが、授業を通して、子供自らがそうした読みを獲得し、自信をつけていったことがよく分かります。本文を書き換える形で、教師が文章を提示することは有効であると考えています。

> パンダの赤ちゃん　　こくご　さんた
>
> パンダの赤ちゃんは、生まれたときは、とても小さく、人の手のひらに　のるくらいの大きさです。目や耳は、とじたままです。けがほとんどはえていなくて、ピンクいろのはだが見えています。おかあさんにはあまりにていません。
>
> パンダのゆびは、六本あるといわれています。おやゆびのよこに出っぱりがあって、このゆびと手で竹を上手に　　つかむことが　　できます。
>
> パンダのうんちは、ぜんぜんくさくありません。竹ばっかりたべているので、すこし竹のにおいがします。竹は　かたいので、しょうかされず、ほとんど　そのまま出てくるためです。

教師が作成した教材文

（2）対話をデザインする

他者（教材、筆者、学習者）との対話を成立させるために、本実践では、「くらべてびっくり」をキーワードとすることとしました。文章に書かれていることについて「くらべてびっくり」をキーワードに対話をしながら読んでいくことで、一人の読みでは気付かなかった読みの深まりを実感できるのではないかと考えました。対話を促進するために、次の２つの手立てを講じました。

１つ目は、教材との対話において、ことばと既有の知識や経験と結び付け、イメージをもって、書かれていることを理解していくために、動画の視聴や具体物の提示、動作化や挿絵の活用などを行いました。例えば、しまうまの赤ちゃんの大きさを机や椅子などを用いて実際の大きさを確認したり、カンガルーのお母さんの袋をエプロンで表して、お母さん

写真１　教師による実演

の袋にはい上がる赤ちゃんの力強さを
実演したりしました。

　2つ目は、学習者同士の対話におい
て、それぞれの思考を可視化して、共
有しやすくするために、ワークシート
を活用しました。ワークシートには、
本文における大事なことばや文を付箋
に記して貼り、自分の考えを書き込む
こととしました。自分の考えとして
は、ことばの言い換えや補足、感想や

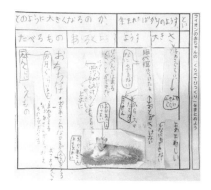

写真2　子供のワークシート例

考えなどを書いたり、→や□でつないだりしながら、情報を整理したりする姿
が見られました。ワークシートの書き方については、ライオンの事例の読み取
りから、子供たちと共に考えて決めていきました。

3　実践

（1）ことばに立ち止まり、その意味を考え始めた場面

　本時では、カンガルーの赤ちゃんの事例を読み、「くらべてびっくり」をま
とめるという学習を行いました。それぞれがワークシートにまとめた後、全体
の話し合いの中で、次のようなやりとりがありました。

　T：こんな小さな赤ちゃんなのに、どんなことをするって書いてあったの？
　C1：それでも小さな赤ちゃんは、お母さんのおなかにはい上がっていく。
　C2：はい上がっていくって、どういう状態ではい上がっていくのかな。
　C3：こうやって上がっていくんだよ。（手と足で進む様子を動作化）
　C4：足も手も全然ないのに、どうやって上がっていくんだろう。足もちょっ
　　　　としかないのに、どうやって…。
　C5：もしかしたら、おかあさんがすわってくれたりするのかな。

　「はい上がる」ということばへの着目から、イメージと結び付けて、読みを
深めている様子が見られました。その後、前述のように、教師がエプロンを着
けて、カンガルーのお母さんの袋を再現し、「はい上がる」という行為を実演
してみることにしました。子供たちは、カンガルーの赤ちゃんになったつもり

で、夢中になって考えていました。その中で、本文に立ち戻り、カンガルーの赤ちゃんの大きさやお母さんとの関わりを読んだり、他の動物の赤ちゃんと比較して読んだりする子供が出てきて、話し合いが続いていきました。

こえる学びの姿

　「はい上がる」ということばへの着目を通して、カンガルーの赤ちゃんの生きる強さや自然界の厳しさに気付いていくという展開が見られました。書いてある内容をイメージと結び付けながら丁寧に読むことで、驚きや感動が生まれ、そして、それが筆者の論理を読むことにつながっていくという学びの姿に、私自身も多くのことを学んだ場面でした。

(2) 筆者の論理に違和感をもち始めた場面

　カンガルーの事例を読んだ後に、今度は自分の好きな動物についてまとめることを意識させた上で、教師が作成した文章（段落同士が比較の関係にない文章）を提示しました。この文章を読んだ直後は、「ゆびが6ほんあるの」「うんちだって」と書いてあることばに着目した発言が多くありましたが、その後、「えー、おかしいよ」「ちがうことが書いてある」という声が多く挙がり、下のやりとりにつながりました。

C1：ぼくたちが知りたいのは、特徴や歩く様子や食べる様子だから、うんちは関係ない。

C2：赤ちゃんのことを比べていたのに、ちがう話は参考にならない。

C3：パンダのうんちは全然臭くないとかは、耳とか、歩く様子とか、食べる様子には関係ない。

C4：増井さんは赤ちゃんのことを書いていたから、まねしたい。

C5：こくごサンタさんが書いた文章は、うんちは書いてあるけど、ぼくたちの書いているこの表紙（目次）にも、うんちって入れれば、なんかあてはまりそう。

C6：赤ちゃんのうんちと大人のうんちを比べてもいいかと思う。

こえる学びの姿

　赤ちゃんのことを知りたいのに、指のことやうんちのことは関係ないという発言のように、文章を読んで、あれ、何かおかしい、関係ないことが書いてありそうだという感想を多くの学習者がもっているようでした。こうした文章に対する懐疑的な態度は、批判的思考のもととなる批判的思考態度と捉えることができます。また、文章の構成について着目した、食べるという説明のまとまりの中に、うんちを入れたらいいという発言や、赤ちゃんのうんちと大人のうんちを比べたらいいという発言は、まさに批判的思考を働かせているとも言えます。こうした姿から、筆者の論理に気付くような仕掛けを講じることで、批判的思考を働かせた読みが促進されるということが分かります。

4 「こえる学びの拡張」につながる子供の姿

　カンガルーの赤ちゃんの事例を読んだ後、「感想をまとめたい」という声が多数上がったので、書くことにしました。以下、子供たちが書いた感想です。

C1：人とちがうところとおなじところがあって、おもしろい。カンガルーの赤ちゃんが一円玉くらいなんて、いがいでびっくりしました。

C2：カンガルーの赤ちゃんは、じぶんではいあがったり、じぶんでふくろから出たりして、せいちょうスピードがしまうまとおなじぐらい早い。

C3：あかちゃん、ちからがすごい。だって、ふくろにじぶんで入るから。すごいちから。10か月ででる。ほんとすごいとおもいます。

　それぞれが、興味をもったことばや違和感のあることばに立ち止まり、一生懸命に、自分の考えを表現しようとしていました。学んだことを生かして、「くらべてびっくり」という視点で読む姿から、ことばへの感度を高め、批判的思考を働かせながら読んでいることが分かります。教師が与えた学習ではなく、自らやりたいという活動の中で、学びを生かそうとする姿は、「こえる学びの拡張」につながる大事な一歩と言えるでしょう。

第3学年

「こんなのアリ！？なし？どうする？ありの行列」

筆者の「編集者」になって、文章を読んでいく学習

小野田 雄介

2021年5月、多摩動物公園のハキリアリの女王アリが亡くなりました。多摩動物公園ではその後5ヶ月間にわたって女王を失ったアリの群れが衰退する展示を行い、話題になりました。知られていないアリの生態を知って思わず、そんなのアリ！？…。ちょうどそんなときに、子供たちは動物学者の大滝哲也さんの編集担当として、大滝さんの文章を読むことになりました（学習上の設定です）。大滝さんの次の本のタイトルは「ありの行列」。さあ、子供たちは編集者として、大滝さんの文章をどう読んでいくのでしょうか。批判的思考を働かせながら、それぞれの「ありの行列」を出版する授業です。

1 「こえる学び」と「こえる学びの拡張」

　作文を書く際、本学級では子供たちのことを「作家」と呼んでいます。そして書き終えた作品を読んでコメントする友達を「編集者」と呼んでいます。そうなり切ってもらうことで子供たちの意欲を高めることがねらいなのですが、「編集者」が「作家」に遠慮して、なかなか自分の考えをきちんと伝えられていない場面を目にしてきました。友達が相手なので、子供なりに人間関係を考えてしまうのだろうなと思うと同時に、文章を批判的に読むことの難しさも感じていました。ここに国語科「読むこと」としての「こえる学び」の芽を見出したのが、本実践です。友達が書いたものではなく、それも一見論理的に破綻しているように見える文章を読んで、批判的に読む力が働きやすくなる学習を

構想しました。文章を読んで、「この説明だと分かりにくいな」「どうして分かりにくいのかな」等、文章を鵜呑みにせず、吟味しながら読んでいく姿を「こえる学び」（没頭）と想定しました。

　批判的思考を働かせながら読むことで、新たな問いや疑問を発見していく姿が期待されます。「ウィルソンって、どんな人なんだろう」「ありが出す『とくべつのえき』って何だろう」といった具合です。そのつぶやきを入り口に、ありについての調べ学習を行っていき、学習の終わりでは、調べたことをもとに、文章がより分かりやすくなるようにそれぞれ加筆を行う場を設定します。与えられた文章に能動的に関わっていく姿は、「こえる学びの拡張」の姿と言えるでしょう。

② 「こえる学びの拡張」を視野に入れた学習環境デザイン

（1）違和感のある文章

　子供が大人の、それも科学者の書いた文章を読んだら、大抵の場合はその文章に納得してしまうことでしょう。書く側が、子供に分かってもらえるように、論理を明確にして分かりやすく書いているからです。そこでその論理の強度を、教師の語り直しによって弱体化させてみてはどうかと考えてみました。

　具体的には次の３つの段階を踏んでいくことにしました。まずは、第１稿として、「ありの行列」の始め（①段落）と終わり（⑨段落）だけの文章を読みます。これだけでも知識は獲得できるように思われますが、「中」の部分が省かれているので、子供たちは違和感を覚えると考えました。その違和感を説明したり、「中」でどのような説明があると思うかを考えたりすることで、批判的思考が働きやすくなることをねらいました。次に第２稿として、「中」の一部が加わった文章を読みます。この時、⑤段落と⑧段落の文章は省きます。この２つの段落は筆者の思考が強く表れているからです。この部分が抜けていることで、初めに読んだときよりは違和感は減少するものの、大事な部分が抜けているので、多少の違和感は残るようにしました。そして最後に第３稿として、全文を読みます。完全体なので、違和感はないように思えますが、ここまで批判的思考を働かせながら読んできた子供たちは、本当にこれでよいのか考えやすくなっているでしょう。

（2）文章づくりに参加する

　文章を読むことは、書かれていることを受け取る、という印象がありませんか？もちろんそうした面もありますが、文章に書かれていることについて、積極的に考えていく力も大切です。この学習では、（1）に書いたように、徐々に文章が完成に近づいていく過程に参加していく形をとりました。そして最後は、完成文を読んでもなお残る疑問について、自分で調べ、それを本文に加えて、それぞれの「ありの行列」を出版していくことにしました。

③　実践

（1）編集者の目の自覚

　第2稿を読んで感じたことを書き込むのに1時間をかけ、次の時間にその内容について話し合いました。子供たちは、読んで感じた違和感を口々に発言します。筆者が「ウィルソン」という人物を登場させて説明しようとする部分について、次のような場面がありました。

C1：どうして急に「ウィルソン」が出
　　てきたのかな。

C2：ウィルソンって誰ですか？

C3：多分ありの研究をしている人で
　　しょ。

　T：みんなは「ウィルソン」のことが気になっているんだね。

C4：でもさ、編集者って言われたから気になったけど、普通に読んでいたら
　　そのまま読んでいたと思う。

> ## こえる学びの姿
>
> 　子供たちは何気なく登場した「ウィルソン」という人物が気になっていることが分かります。書かれた文章を鵜呑みにせず、その意味を探ろうとしている点でこえる学びの姿の一つと捉えられます。最後の子の発言から、編集者になって読むということは、普段の自分からステップアップした読み手になることが示されました。

（2）書かれていないことへの推測

　文章では、ウィルソンは２つの実験を行っています。

　実験１では、ありの巣から少し離れたところに砂糖をひとつまみ置いて、ありの様子を観察します。そこでは、はたらきありが、砂糖を見つけたあと、巣に戻り、やがて行列ができていくことが説明されます。

　続く実験２では、行列の道すじに大きな石を置いて観察します。一時、ありはちりぢりになりますが、やがて石の向こうに道の続きを見つけて、しばらくするとまた行列ができていくことが確かめられました。

　子供たちは、この実験の説明の部分を読んで、次のような疑問をもち、話し合いを行いました。

Ｃ１：ウィルソンはどうして実験２で石を置くことにしたのかが分からない。

Ｃ２：確かに。

Ｃ３：砂糖の所までまっすぐ行けないようにでしょ。

Ｃ４：なんでまっすぐ行けないようにするの？

Ｃ５：え？だってまっすぐ行ったらさあ…。

　Ｔ：まっすぐ行ったらウィルソンはこまるのかな？

Ｃ５：こまるっていうか…

Ｃ６：理科の実験と同じだから、実験１と実験２で違うことを調べたいんだよ。

Ｃ７：だからさ、ありはにおいでたどっているって仮説を立てたんじゃない？

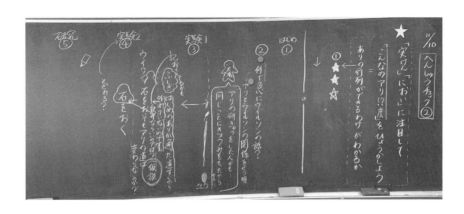

こえる学びの姿

　行列がいつ終わるのかということは、そもそも完成文にも書かれていません。書いてあることを丁寧に読んでいくことが、書かれていない知識を読むことにつながったと考えられます。

（3）書かれていない知識の獲得

　子供たちが最も気になっていた「ありの行列ができるわけ」について、第2稿からどの程度読み取れるかを考えました。板書にあるような疑問を生成しながら、行列ができるわけは整理できたのですが、その行列はいつ終わるのか、という新たな疑問が生まれました。このことについて下のような話し合いが行われました。

C1：だから何か指令みたいなのを出しているんじゃないの。

C2：ああ、あるかも。

C3：「えさあるぞ～」っていう指令と、「もうないぞ～」っていう指令。

C4：指令っていうか、においね。

　T：ちょっと待って。指令って、どこかに書いてあった？

C6：書いてない…。

　T：もう一回整理してみるよ。（ありのペープサートを使って）砂糖を見つけたら、液をつけながら帰るよね。

C7：そう。それでみんながにおいをたどっていって…

　T：うん。で、砂糖がなくなったら？

C8：もう出さない。

　T：何を？

C9：液を。

C10：ああ、それで「じょうはつ」するんだ。

　T：ん？もうちょっと説明して。

C10：だから、砂糖がなくなったらもう液を出す必要ないでしょ。そしたらその液は「じょうはつしやすい」って書いてあるから、どんどんなくなるでしょ。そしたらもう行列ができなくなるよ。

こえる学びの姿

　この文章は、ありの行列ができるわけについて説明している文章です。ですので、それが分かれば十分ですが、批判的思考が働きやすくなった環境において、子供たちは新たな問いを見出し、その解決に取り組もうとすることが確認できます。文章に能動的に関わって読んでいくことは、こうした姿につながることが分かりました。

④　「こえる学びの拡張」につながる子供の姿

　学習の最後に、子供たちがそれぞれ出版した「ありの行列」には、本文には書かれていないことが加わっていました。例えば、本文で「とくべつのえき」と書かれたものは、「フェロモン」というものであり、ありは数種類のフェロモンを使い分けていること等です。受動的な読み手としてだけではなく、能動的な読み手として、積極的に文章を吟味しようとしていました。

　文章を批判的に読むことで見出した疑問を、自分でさらに調べ、それを文章に加える姿は「こえる学びの拡張」と言えるでしょう。

「筆者の目になって読む　ウナギの謎を追って」

筆者の論理を探究的に読む
説明的文章の授業

成家　雅史

　説明的文章では、筆者は事実や事例、結果だけを説明しているのではありません。筆者は、自分がなぜそのことを知りたかったのか、どのように解決していったかについても説明しています。このような筆者の論理を読むことは、書かれている内容を理解したり、書き方を理解したりすることを「こえる」読みだと考えます。このような読みに迫るためには、筆者と対話するという学習環境のデザインが必要でしょう。筆者と対話するということは、例えば、筆者の問いを自分の問いとして追求することや筆者の考えを予想するということだと考えます。このように子供が筆者の論理を読む姿が、筆者の論理を探究的に読むということではないかと考え、本単元を実践しました。

1　「こえる学び」と「こえる学びの拡張」

　「アップとルーズで伝える」では、何をどのように説明しているかという側面に着目して、子供自ら各段落に見出しをつけて論理構造を整理する姿が見られました。私の反省ですが、子供たちの説明的文章の学び観として、各段落に何が書いてあるか（まとまり）を読むこと、段落のつながりが分かり「型」を読むことが説明的文章を読むことだとなっている可能性があります。ここにとどまらず、筆者の論理構造を「こえて」、筆者が問いをもって解決するための思いであったり考え方であったりという本質に迫る姿であったり、説明的文章を読む、国語の授業という枠組みを「こえて」自分の自由研究など探究的な学びへの認識を広げる姿であったりという学びに拡張してほしいと考えます。

2 「こえる学びの拡張」を視野に入れた学習環境デザイン

「こえる学びの拡張」のために、自分自身のできることや理解していること、学び方を知ることが重要です。そのため、自分の学びを自覚し、何が足りないかを意識して、授業や単元をこえて日常生活でことばと関わる自分、ことばで思考する自分の成長を実感できるような学習環境をデザインしました。

(1) 学習者のテクストを教材化する

子供たちは、基本的に教科書、教材文は与えられるもので、大抵は、書かれていることに納得するでしょう。それは、教科書の教材文が、小学生が内容を理解できるように作られているからです。筆者の論理を探究的に読むためには、そこを揺さぶることが必要だと考えます。そこで、学習者自身の読みを教材化しました。

A　実際の文章を段落ごとにばらばらにしたもの（段落カード）を子供たちが推測して組み立てた文章

B　筆者の論理に沿って自分が予想したテクストの論理

Aは、筆者がウナギの産卵場を見つける過程が、探究的であるという教材文の特性を生かすことになります。子供たちが筆者の問いに寄り添い文章を論理的に気付いているか探究します。Bは、書かれていることから図や文章を使って筆者の考え方に即して予想します。

(2) 思考を促す対話をデザインする

対話をするためには、〈他者〉が必要です。教師や友達もそうではありますが、本単元での〈他者〉とは、主に筆者であります。筆者が揺り動かされたものは、ウナギの卵がどこで産まれているかということであり、世界の誰も知らないことへの挑戦です。

筆者である塚本勝巳氏と同じ熱量でウナギの謎を追い求めることは無理でも、海という広大な世界でミリ単位の卵を見つけるということの大変さや、何

もっともっと大きな網ですよ。

〈筆者の研究について語る児童〉

度も失敗し何十年も研究を続けることの困難さは想像することができるでしょう。

　例えば、10メートルもの網を引き揚げたときに10ミリメートルのレプトセファルスを見つけることがどれほどの作業かということを子供の使う虫捕り網と比べるということもありました。

③ 実践

（1）自分の論理を反省し、筆者の目になって読む必要感を再認識する場面

　本時は4時間目でした。前時までにばらばらにした「段落カード」を並べ終えています。本時に、順序のキーワードとなる年号を入れた文章を読むことで、自分の推論を振り返ること、筆者の目で読むということをねらいました。まず、隠れていたキーワードを入れながら、段落のつながりを確認しました。次に筆者の目で読むために、研究の流れやレプトセファルスの採集の仕方について、関心の高い子供がもってきた資料を見せながら確認しました。筆者の目になって読んでいる場面を取り上げます。

T1：研究に研究を重ねた塚本さんたちは、ここからどういうふうに研究を進めていくのでしょうね。

C1：やったことをまとめる。

C2：（5段落目を読み）、　そこで、どうやったら、小さいレプトセファルスが見つかるか、そこまでの結果からより生まれたてのレプトセファルスが見つかるか、大体予想というか、見当はついたから、そこから、あのー。

T2：どうやったら、これね。どうやったら採れるか予想するんだ、また。

C3：海山の近く、新月のころ。

C4：すぐには採れない小さいのは、見つからないと思うんですけど、方向が分からないから大きくなっているほうに戻っちゃったこともあったと思う。うまく進むだけじゃなくて。

T3：戻ってしまうこともある。研究がね。戻っちゃうこともあっただろう。

C5：エ（2段落目）から、まず54㎜で、イは40、30、20って、どんどん小さくなっているんですよ。えっと、何て言うんだろう。エからイに変わる年数がちがう。年数がかかるからけっこう時間がかかったと思う。ぜんぜん採れないこともあったけど、それにも負けずに頑張ったと思う。

T4：ぜんぜん採れないときもあったけど、最後まで頑張った。

C6：ぜんぜん採れないから、それを研究に生かした。

T5：それをまた研究に生かすんだね。それをまた研究に生かしている…すごいね。よく発見したね、C6さん。

こえる学びの姿

　筆者の目になるということは、筆者の思いや願い、苦労を追体験するということだと考えていました。キーワードであった年号が順序だけでなく、筆者の思いや苦労を追体験するキーワードとなっていることが子供の発言（C4・5・6）からあり、本時の振り返りには、筆者への記述が目立ちました。

―本時の振り返り―

・本当は、これが一番小さいのかなと、途中で思ったりもしたと思います。くじけずにがんばったのがすごいと思います。（C7）

・最後C6さんが言ったように、ぜんぜんとれていないからこそ、その失敗を生かすということは大切だと思った。そして、この学習を通して研究をするには、いっぱいの失敗をしながら成功するのだと思う。（C8）

（2）図と文章を結び付けて読む必要性を発見した場面

　本時は5時間目でした。筆者の論理が図示（次頁ケ）されています。

　「もしかしたら、親ウナギたちは、『新月のころ』に」の以下には、産卵の場所が入ります。筆者の研究の山場とも言えるところです。

　この部分を読むということは、筆者の論理を探究するということです。

　ここは、子供たちに自由な学びを選択してもらいました。一人で考えるもよ

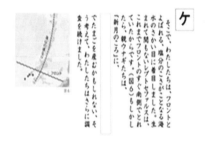

し、二人、三人と友達と考えるのもよしとしました。

結局、「フロントと海山の連なりが交わる地点」と答えられたのは、ごく一部の子供だけでありました。

結果だけ見れば、「こえていない」のかもしれません。しかし、筆者の目になって予想するという読みが、子供にとって図と文章を結び付けて読む必要性を発見する学習環境のデザインとなっていたと推察します。それは、やはり振り返りにおける自分の論理への反省から見て取ることができます。

こえる学びの姿

C8は、「海山の近く」とだけ予想しました。その振り返りには、「『海山の近く』は、少しざっくりすぎた。もう少し前の文章と図を参考にすればよかった」とありました。これまでは、図などと結び付けて考えて読むということに必要性を感じられなかった子供が、図と文章を結び付けることの大切さを感じた瞬間が、この学びにあったのだと思います。筆者の論理を探究した成果だと考えます。

4 「こえる学びの拡張」につながる子供の姿

さて、冒頭で述べたように、本単元での「こえる学びの拡張」は、筆者の論理の本質に迫る姿や探究的な学びの認識を広げる姿でありました。そのための「しかけ」として、実は、本単元で用いたテキストは、ウナギの卵が見つかる

前のものでした。令和2年度版では、すでに産卵場所は見つかっています。ですので、改版前のテキストを使ったのです。それは、筆者の探究心に気付かせるためでした。そこに、気が付いたことは、本単元で目指した「こえる学びの拡張」を見られた子供の姿と言えるでしょう。

T1：この人の問いは、ウナギの産卵場所。

C1：オ（段落）の後にキ（段落）はおかしい。

T2：そうだね。こういうふうに時間が流れているのですね。筆者の目で読んでいくと、時間の流れがこうなっていて（写真のウエイアキカオク順に指示しながら）、この瞬間がきた（オ段落2005年6月7日）んだけど、これでゴールでいいんですか。

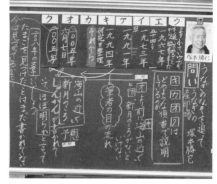

〈子供が筆者の論理を探究して書いた短冊〉

C2：だめです。まだ文章には「ほぼ」と書いてあるので、（ウナギの）一生は分からない。

T3：えっ、卵は見つけたの。

C3：卵は多分見つけたと思うんですけど、本文には書かれていないから。

C4：これ、2005年だから、今はもう見つかっているかもしれない。

T4：実はね、今みんなに渡した文章は2008年に書かれた文章です。

C5：13年もたってる。

　改版前のテキストを読み、筆者の研究目的が達成できていないということは、「ウナギのなぞを追う」という研究の本質に気付く読みと言えます。筆者の論理を探究的に読むということは、読み手自身が筆者の問いを探究しながら読むことであると考えます。本教材のように教科書が改版されるごとに研究が変化する説明的文章というのはありません。しかも、改版されたテキストでも、筆者の探究は止まっていません。このように問い続けていくことが学びを拡張していくということを子供が気付いてくれていれば嬉しいです。

「受けつがれる文化財・年中行事」

子供の真の考えを引き出す
社会科学習

清水 和哉

　副読本である「わたしたちの東京都」では、府中市のくらやみ祭を取り上げています。確かに府中市民にとっては誰でも知っているくらやみ祭ですが、他の地域に住んでいる子供にとってはなかなかイメージがしにくい教材です。そこで今回は、くらやみ祭を児童の共通教材として取り上げ、本単元の最後は自分たちの地域のお祭りについて調べていくことにしました。なぜなら、本実践は教科書通りに授業を進めていっても、なかなか自分事として捉えることができない実践になっているからです。このような学習展開を計画することで、くらやみ祭で学習したことを生かし、自分たちの地域のお祭りに関わりを重ねていきたいと考えました。

1　「こえる学び」と「こえる学びの拡張」

社会科の目指す「こえる学び」は以下のように捉えています。

・社会的事象との関わりを重ねる─没頭

・社会的事象のもつ意味を更新する─実践

・持続的な社会の一員としての自覚をもつ─往還

　本実践における「こえる学び」は、「地域に伝わる伝統文化」の尊さと、その継承の難しさとやりがいという両側面に気付き、社会的意味を更新する姿を想定しました。

次に社会科の目指す「こえる学びの拡張」は以下のように捉えています。

・持続的な社会の一員としての資質・能力を発揮する。

　社会科は「こえる学びの拡張」をねらって授業を組み立てるのではありません。本実践を通して、子供たちが日常生活の中で、または他教科の授業の中で発揮できる姿を期待しています。本実践の場合は、学習後子供たちが自ら「他の地域の文化財・年中行事を調べてみたい」「他の都道府県のお祭りを調べてみたい」「実際に文化財を生で見たり、祭りに参加したりしてみたい」などという思いを育める学習計画を作っていきたいです。

② 「こえる学びの拡張」を視野に入れた学習環境デザイン

（1）教材の工夫

　それぞれの地域の文化財や年中行事が抱えている課題について迫っていくために、模造紙を使った「お祭りマップ」を共有していきます（図1）。マップには付箋が貼られています。この付箋には、子供たちが調べたお祭りの課題や、今後お祭りを行っていく上での心配事などが書かれてい

図1　お祭りマップ

ます。このマップによって、祭りの由来や現代での運営上の障害など、コミュニティ形成への願いや後継者の問題といった、いくつかの地域の課題を明らかにさせたいと考えました。そこから、全体でくらやみ祭の課題についても取り上げ、神事やコミュニティづくりよりも、商業的あるいは観光的側面だけが印象に残り、伝統文化の継承が困難になってきている共通点を見つけさせていきます。伝統文化の継承は、コミュニティづくりが根本にあります。しかし現代では、子供たちの姿にあるように、祭りから地域の思いや願いが離れてしまっています。ここに子供たちに着目させ、地域の祭りがどうなることがいいのか表現させたいです。

（2）発問の工夫

　本実践では、今に受け継がれている文化財・年中行事の今後の課題や未来に迫っていきます。最終的には「今後も文化財や年中行事を受け継いでいくために、自分たちはどんなことができるか」という発問を投げかけるつもりでいました。しかし、それではありきたりな展開になってしまうのではないかと考え、子供たちが批判的に考えられるような発問（今回の場合は、「今の状況下で、今後も文化財や年中行事を続けていく意味はあるのだろうか」という発問）を投げかけることにします。

③　実践

（1）お祭りマップ作成時の場面

　まずは、自分たちが住んでいる地域のお祭りが抱えている課題について付箋に記入し、お祭りマップに貼り付けていく作業を行いました。

　Ｔ：調べた地域のお祭りの課題や問題点を付箋に書いて貼っていきましょう（図2）。

Ｃ１：コロナの影響で、今お祭りができていない。

Ｃ２：企画・運営する人が減ってきている。

Ｃ３：参加者も減っている。

Ｃ４：受け継ぐ人がいなくなる。

　このように付箋を貼っていき、だんだんとお祭りマップが完成していきます（図3）。

　Ｔ：課題や問題点が貼れた人は、周りの人たちがどんなことを書いているのかを確かめてみましょう。

Ｃ５：僕が書いた課題と○○君が書いた課題は同じだね。

Ｃ６：企画・運営をする人が減ってきているってことは、受け継ぐ人もいなくなるってことかな。だとしたら、ここは関係しているね。

Ｃ７：どの地域も全体的にコロナの影響でお祭りができなくなってきているみたい。

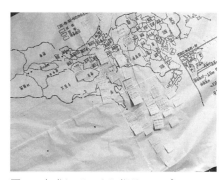

図2　子供が書いた付箋　　　　　　図3　完成していくお祭りマップ

🚩 **こえる学びの姿**

　　自分が調べた地域のお祭りの問題点だけでなく、仲間が調べた問題点と比べることで、お祭りの共通の問題点を確認することができたり、地域によって抱えている問題が違ったりしていることに気付くことができました。

（2）児童が作成した教材を提示し、児童自らが発表する場面

　実際に教科書や副読本を見ると、お祭りに関わっている方々の苦労や願いが記載されています。しかし、それはごく一般的な苦労や願いです。子供たちから、もっと身近な人から話を聞きたいという声もありました。幸いなことに、本学級には、身内が実際にくらやみ祭の実行委員を担当しているという子がいました。本時の授業直前の連休で、その子は身内の方から話を聞いてくることができました。私の中では、聞いてきてくれたことをそのままクラスの児童に話してくれるだけでよかったのですが、その子はその時のことをプリントにしてまとめてきてくれたのです（図4）。

元くらやみ祭の総責任者にお話を聞きました。
Q　企画側をやってみて、大変だったことはありますか。
A　戦後暴力団がお祭りのほうに来てしまい、2回（2年間）お祭りができなかったこと。
Q　企画側からのお願いはありますか。
A　今のくらやみ祭は若手の会になっている。だから、年配の方も参加してほしい。
Q　くらやみ祭は今後どうなるか。
A　儀式だけになると思う。

図4　子供自ら作成した教材

🏳 こえる学びの姿

　教科書や副読本からの教材ではなく、自分たちのクラスの仲間が作成し
てくれた教材から学ぶという経験ができました。聞いてきてくれた子も、
授業後は「自分の話をみんなが真剣に聞いてくれて嬉しかった」と話して
いました。

（3）これからの年中行事について考える場面
　　T：今後、お祭りを行っていく中で心配なことはありますか。
　C1：今時のものに変化していく。
　　T：具体的には、どういうものが変化していきそうですか。
　C2：提灯が、街灯のようなものに変化してしまう。
　C3：（今の意見に対して）あぁ〜〜！！確かに！！
　　T：他にはどうですか。
　C4：なくなってしまうお祭りも出てきてしまうと思う。
　C5：今は色々な制限があるけれど、10、20年後にはまた復活すると思う。
　C6：若い人が多くなると、トラブルも多くなりそう。
　C7：お祭りはなくならないけど、内容が変わってしまう。
　C8：内容も今時のものに変わっちゃうってことかな…。
　　T：もしそうなってしまったら、今後お祭りってやる意味あるかな？
　C9：今までの伝統が変わってきちゃうってことだよね…。
　C10：昔の人たちはどう思うだろう。
　C11：続けるのは難しいのかな。
　C12：でも、続けていくことに意味があるかもしれないよ。
　C13：またここから新しい伝統を作っていくのもありじゃないかな。

🏳 こえる学びの姿

　「お祭りがこれからも続けばいい、続いてほしい」と思っていた子供た
ちも、時代の流れによって変化していくことを知り、お祭りに対する価値

観が変わったような瞬間に思えました。振り返りには、「今時のようなお祭りに変わってしまったら、それまでに受け継いできた伝統がなくなり、魅力を感じなくなってします」と書いていた子供もいました。

しかし一方では、それでもお祭りを続けることに意味があると考えた子供もいました。続けていくことで、そこから新たな伝統が生まれるかもしれないと考えたのだと思います。

4 「こえる学びの拡張」につながる子供の姿

本実践の最後に、くらやみ祭に関わっている人々に焦点を当てた映像資料を流しました。その映像資料から、「若い人は若い人でも、楽しいを目的にお祭りに参加・企画している人もいれば、今までの先輩たちがつなげてきた糸を切らさずに自分たちがつなげていくという気持ちでお祭りに参加している人もいるということが確認できました。最後に、年中行事に対する自分の考えとしてキャッチコピーを子供たち一人一人の言葉で黒板に書かせました。子供たちのキャッチコピーには…。

① 年中行事には色々な「価値・考え・思い」がある。
② 受け継ぐ大変さや苦労。
③ お祭りを続けていくには、問題が山積み！！

などがありました。子供の考えたキャッチコピーの中には、「昔とは違った形で伝統を受け継いでいく」というものがありました。時代は、日々進化しています。その時々の時代に合わせた工夫や取り組みを先人が行ってきたからこそ、文化財や年中行事は今日まで受け継がれてきているのではないでしょうか。また、「大変さや苦労」というキーワードが子供たちの中から出てきました。これは、自分たちの日常生活の中でも出てくることだと思います。例えば、クラスでのお楽しみ会を企画・運営していく上での「大変さや苦労」、委員会やクラブで下級生をまとめいく「大変さや苦労」。社会科という授業の枠をこえ、自分たちの生活の中で今回学習したことが生きてくる、そんな子供の姿に期待しています。

「大豆ミートは何で…」
実感と社会的な意味とを
往還する授業

牧岡　俊夫

　本校の児童は、社会の動きに関しても興味・関心が高く、社会的事象に関する知識が広い子も多くいます。反面、実生活では、素直に子供らしい反応を示す子が多くいます。社会科授業では、学習材や学習活動に関して素直に反応し、自分なりの思いや願いをもとに学習に取り組んでほしいと願っています。そして、仲間との関わり合いを通して社会的事象に迫り、その意味に気付かせたいです。その上で、自分の実感と社会的な事象の意味とを吟味し、身に付けたスキルを自分の実生活に生かしていけるように育んでいきたいと考えています。

1　「こえる学び」と「こえる学びの拡張」

　社会科学習で目指すこえる学びの一つに、「社会的事象との関わりを重ねる（没頭）」があります。本単元における「こえる学び」は、自分自身のこれまでの関わりを振り返ったり、自分の実感を確かめたりすることを通して「大豆ミート」との関わりを重ねる子供の姿から見ることができます。そして、「自分なりの関わりや実感をもとに関わりを重ねることで社会的事象の意味に気付き、「大豆ミート」と自分の関わり方を深めたり、実生活に生かしていこうとしたりする姿」を「こえる学びの拡張」と捉えています。社会科学習では、「実際に社会の中で行動すること、社会に参加・参画すること」を性急に求めていません。そのため「拡張」をねらう授業を意図的に設計するのではなく、あくまでも「こえる学び」を設計する中で子供たち自身が今の自分自身をこえていく、拡張していく瞬間を期待しています。

2　「こえる学びの拡張」を視野に入れた学習環境デザイン

(1)「関わりを重ねる」授業のために

　5年生の食糧生産の単元は、「米づくり」ともう一つの単元（水産・野菜・果樹・畜産から選択）と「これからの食糧生産」の3単元で構成されています。本校の指導計画では「水産業」を選択しており、畜産については扱わないことになっています。しかし、今回は、社会科部の研究テーマにある「持続可能な社会の一員を目指す子の育成」の観点から、米づくりや水産業での持続可能な食料生産だけでなく、畜産業を通しても持続可能な社会について児童自らが考える機会となると捉え2時間扱いの小単元化を試みました。単元に入る前にまず、畜産業や「大豆ミート」との関わりについてアンケート調査を行いました。その結果をもとに、1時間目は大豆ミートについて知ることを目標に活動を組みました。大豆ミートについて、実物を通して五感の伴った実感をもち、資料を通して大豆ミートの概要について学び、「食べてみたいか？」記述させました。2時間目は、「どうしてわざわざ、植物・穀物から『お肉もどき』を作るのだろうか？」を学習問題とし、既有の経験や知識から予想したり、資料を調べてその社会的意味を確認したりしました。これらのように、単に資料を読んで知識を身に付けさせるだけでなく、自分の生活経験での関わりを振り返らせたり、五感を働かせたり、思考判断させたり、自分の経験や知識から予想させたり、社会的事象の意味を調べさせたりする等、様々なアプローチで「大豆ミート」に関わらせることで、実感と社会的な意味とを往還する学習環境デザインとしました。

(2)「社会的事象の意味の更新」授業のために

　1時間目の終わりに、実感と理解をもとにして「食べてみたいか？（自己判断①）」をさせました。さらに、2時間目の終わりに、大豆ミートの社会的な意味について学習した上で、「今後、自分はどう関わっていきたいか？（自己判断②）」を行わせました。その結果をもとに、「こえる学びの拡張」への可能性を検討することにしました。

③ 実践

（1）事前のアンケート調査より

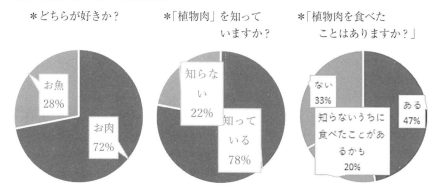

＊どちらが好きか？　　　＊「植物肉」を知って　　＊「植物肉を食べた
　　　　　　　　　　　　　　　いますか？　　　　　　ことはありますか？」

お魚 28%
お肉 72%

知らない 22%
知っている 78%

ない 33%
知らないうちに食べたことがあるかも 20%
ある 47%

＊プラントミートをわざわざ作る理由は？（児童の主な記述）

　「牛のゲップ（？）が地球温暖化につながるから」「宗教とかによってお肉を食べてはいけない、食べない人がいるから」「お肉の値段が高いから」「色々な植物を原料とする事で栄養をたくさん取れるからだと思う」「お肉より大豆の方が脂質が少なくヘルシーだからだと思う」「生き物をなるべく殺さないようにするため」「牛は、育つまでにたくさんの水を飲むから、水を使う量を少なくするため」「お肉を育てる飼料を作るには小麦やトウモロコシなどが必要。穀物は今不足してるから」「植物が原料で、育つとおいしさが二倍になるから」

（2）実物・五感・実感

T：直接的に調べる方法はどんなことがありますか？

C：食べる。

T：家庭科の調理実習でも今は難しい。だからこれを観察します。スーパーマーケットで買ってきました。1人ひとつずつ配ります。食べないで、さわり具合、においなどを観察してノートに書いて。

C：なにこれ、触りたくない。食べていいですか？ドックフード？人間の食べるものでない。鶏のエサ、魚のエサ。大豆のにおい。

T：そうだね、豆乳飲んだことある人は、豆乳のにおいだね。さわり心地は？

C：カリッとしている。硬い。持って帰って食べ
　ていいですか？

T：ダメです。授業が終わったら池の鯉と亀のエ
　サにしてください。どうして硬いの？

C：乾燥させている。見た目、割ってみたら大豆
　の殻。

T：これは、そのまま食べるものじゃありませ
　ん。ビスケットのようにカリカリかじるもの
　じゃない。熱湯で戻す。さっきやってみまし
　た。この中に熱湯を入れて、これが今の状
　態。大きさが分かるように人形。3分で戻る。袋には5分と書いてある。
　5分たつとこうなる。お湯は捨てました。鼻がいい人？ふたを開けた瞬間
　のにおいをかいでほしい。その後でみんなに回します。

C：カップラーメンのめんみたい。

T：回すので触っていい。食べちゃダメだよ。戻すとこうなりました。

C：嫌なにおいがする。唐揚げみたいなにおいがするけど気持ち悪くて嫌だ。

🚩 **こえる学びの姿**

　目の前の得体の知れないものに興味をもち、触ったり、割ったり、にお
いをかいだりしながら関わりを重ね、実感を伴って素直に言語表現し合い
関わりを重ねている姿。

消費者の立場（自分事）からの予想・考えの表出

T：どうしてわざわざ、植物・穀物から『お肉もどき』を作るのでしょうか？
　消費者の立場に立って、大豆ミートにはどんなメリットがあると思います
　か？

表出されたCの考え：「高齢者にとっても柔らかくて食べやすいから。本物の
　肉と食べ比べてみたいから。安くて肉らしいものが食べたいから。動物の
　命をうばいたくないから。野菜の栄養をとることができるから。脂が少な

くヘルシーだから。宗教上、肉を食べられない人もいるから。さらに、ベジタリアンの人にとっては必要だから」

社会的事象の意味に迫る

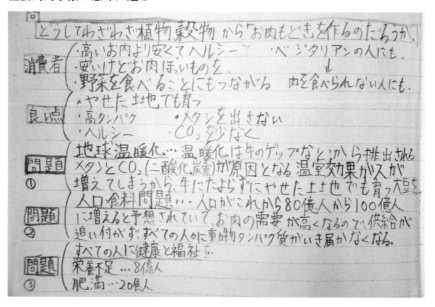

4 「こえる学びの拡張」につながる子供の姿

1時間目と2時間目の終わりに記述した結果は右表のようになりました。①食べてみたいの理由は、「おいしそう・お

1時間目終わり ＼ 2時間目終わり	②食べてみたい	②みたくない
①食べてみたい	44 %	7 %
①みたくない	37 %	11 %

肉と比べてみたい・災害時役立つ」等、①みたくないの理由は、「においが変・まずそう・やっぱり本物の肉がいい」等。②食べてみたいの理由は、「SDGs・栄養が取れる・健康的」等、②みたくない理由は、「やっぱりおいしいお肉を・お肉のエネルギーを・大豆アレルギーの人も」等でした。1時間目は、実感からくる「においやさわり心地」から敬遠していたものの、2時間目の「社会的な意味」について学習したことで素直に反応し食べてみたくなった児童が多いようでした。

「こえる学びの拡張」の瞬間
（①みたくない⇒②食べてみたい児童のノート記述）
「大豆ミートは色々な問題の対策になるので、お母さんに話してみたりしてお肉の代わりとしてお家のご飯で食べてみたいと思いました。」
「大豆ミートに置き換えることで、地球を救えるなら食べてみたいと思いました。また、大豆ミートもどんどん進化していっているので、おいしくなってるんじゃないかと思います。自分たちの未来を守るためにも挑戦して、9月の給食に出る時もそのようなことを考えながら食べたいと思いました。」

算数科
第1学年

「ひき算」

異なる場面から、共通点を見つけ同じものと考える授業

池田　裕彰

多くの場合、ひき算を学習する際、「残りがいくつか」を求める「求残」の場面を学習してから、「違いはいくつか」を求める「求差」の場面を学習します。例えば、求残、求差を表す代表的な図は以下のようになります。

求残	求差

 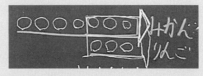

　求残があるものの中からいくつかを取り除く場面であるのに対して、求差はもの同士を比較する場面です。求残では、「〜食べました」「〜いなくなりました」のような取り除く表現がありますが、求差の問題場面の多くでは、そのような表現はなく、頭の中で「〜を取り除くのと同じ」と考え、この矢印を補わなければ既習の求残と同じようにひき算とみなして考えることができません。

　また、たし算・ひき算では「同じもの同士でないと計算できない」という原則があります。例えば、りんごの個数同士はたし算できても、りんごの個数と人の数はたし算できません。求残も同じで、りんごの個数から人の数を引いたりしません。しかし、求差では、りんごの個数と人の数を比べる場合もあります。一体何から何を引いているのでしょうか。

　このように本来とても難しい求差という場面ですが、計画的に指導しないと、答えを出して子供は満足し、「これってひき算なの？」と疑問をもつことすらできません。今回は、単元計画や既習の積み上げも合わせて、子供が異なる場面から共通点を見つけ同じものと考える授業を紹介します。

1 「こえる学び」と「こえる学びの拡張」

本校算数部では、「こえる学び」は、以下のように捉えています。

> 没頭：既習事項や他者の考えを活かし、課題を解決しようとする姿
> 実践：既習事項や他者の考えを統合して発見した汎用性のある考え方を具体化して問題解決に活かそうとする姿
> 往還：既習事項や他者の考えを抽象化し、共通する考え方を見つけ、汎用性のある考え方を見つけようとする姿

本実践において、これまでと違う求差の問題場面において、「今までと違う場面だけど何とか同じように考えて計算できないかな」と考えるのが、「実践：既習事項や他者の考えを統合して発見した汎用性のある考え方を具体化して問題解決に活かそうとする姿」です。また、学習を終えた後、共通点を見出し、「結局こう考えればいいんだ」とまとめる姿は、「往還：既習事項や他者の考えを抽象化し、共通する考え方を見つけ、汎用性のある考え方を見つけようとする姿」です。

1年生の段階では、具体的な場面にたくさん触れて考えていきますが、その中でも児童がいくつかの場面から大事な見方や考え方を抽象化して見出す姿は引き出すことができます。算数の学習だけでなく、生活場面においても様々な経験を通して共通点を見出し、「結局大事なことはこういうことじゃないかな」と考えられる「こえる学びの拡張」を行う姿を期待します。

2 「こえる学びの拡張」を視野に入れた学習環境デザイン

(1) 疑問や解決のための考え方が見出せる単元デザイン

1年生1学期のたし算・ひき算の問題で、答えを出すということにおいては、さほど困難を感じない児童も多いでしょう。しかし、教師が意図的に単元をデザインすることで、答えを出したあとにも疑問をもち、課題を追究することができます。

今回の実践では、たし算の段階から、共通点を見出す経験をさせました。具

体的には、合併（合わせて）の場面で何かと何かがくっつく「がっちゃん」という操作をたし算の定義として導入することで増加（増えると）も「がっちゃんは同じだからたし算」と共通点を見出す経験をしています。

　また、たし算においても、ひき算の求残（残りは）の場面においても同じもの同士でないと計算できないことを学習しています。

　このような過程を経てから、人の数と椅子の数を比べるといった求差の場面に出会ったときに「あれ？これって違うものを比べているし、さようならがないけどひき算って言えるの？」という疑問が生まれ、「どうしたら同じひき算と見られるだろう」と追究する姿が引き出せるのです。

　このように単元を教師が意図的にデザインすることで、児童が新しい場面においてもこれまでの学習から抽象化や具体化を柔軟に行いながら問題解決にあたることができると考えました。

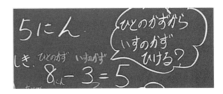

（2）図を根拠に考えさせる

　算数の学習において、場面を図に表すことはとても大切な活動の一つです。それ自体が場面を抽象化することであり、数と計算の学習においては演算決定の根拠にもなります。1年生の1学期の段階では、図を描かせないこともありますが、図をもとに共通点を見出し抽象化し、汎用性のある考え方を見出せるように、たし算の段階から意図的に図を描かせるようにしました。ただ、図は場面を高度に抽象化したものですから、図を描くまでには、実物を操作したり絵を描いたりする過程を経てから行い、図から具体を想起することも丁寧に行

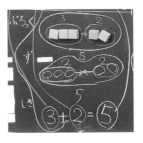

いました。

③ 実践

（1）自分の立てた式に疑問をもつ場面

　求差を初めて行う場面で「椅子取りゲームをします。8人でやります。椅子は3つです。座れない人は何人ですか」という問題を提示しました。ほとんどの子が「簡単」「式も書ける」などと口にしていました。しかし、式を立てた段階で、児童の様子が変わってきます。

Ｔ：「8－3＝5」って式にしたんだけど、あれ？って思う人もいるみたいだね。何にあれ？って思っているか教えてくれる。

Ｃ：みんなは、式にしているけど、8は人の数だけど、3は椅子の数だから違うものだからひき算できないと思う。

　このように、答えが出て満足するのではなく。「同じもの同士でないと計算できない」という原則に当てはめて、自分のしていることを見つめ直すことができたのです。

🚩 **こえる学びの姿**

　同じもの同士でないと計算できないという原則は、1年生の段階において抽象度の高いものであるといえます。「答えが出ればそれでいい」という考えではなく、自分の立てた式の意味を具体的に考え、疑問をもち解決しようとする姿は、「こえる学び」の姿だと考えます。

（2）いくつかの場面から共通点を見出しまとめる場面

　椅子取りゲームの問題を扱った、次時の授業においては、「みかんが7個あります。りんごが3個あります。みかんはりんごより何個多いでしょうか」と

いう問題を出しました。問題を出した段階で、「あ、前と同じだ」と言う子もいれば、「全然違う問題だよ」と言う子もいました。最初、「7 − 3」という式の意味を説明する際「7はみかんの数、3はりんごの数、同じ果物同士だからひき算できる」という子や「同じもの同士でないと計算できない」という原理に立ち返って説明する子がいました。しかし、これは間違いです。みかんからりんごを取るわけではないからです。このことに疑問をもつ子がいて話し合いました。

　そこで、再度椅子取りゲームの場面を振り返ることで「みかんからりんごを取っているんじゃなくて、みかんからりんごと同じ数のみかんを取っているんだよ」と考えることができました。

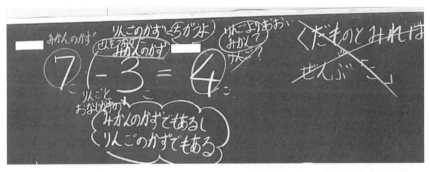

　このように、椅子取りゲームの場面と果物の個数の比較という場面の共通する考え方を見つけ、「結局、同じように（一対一対応させて同じ数を取ればいいんだ）考えればいいんだ」とより汎用的に考えることができました。

こえる学びの姿

　いくつかの場面から共通した見方や考え方を見つけまとめる姿は、算数科における「こえる学び」の姿だと考えます。

④ 「こえる学びの拡張」につながる子供の姿

　既習事項や他者の考えを活かしつつ、抽象と具体を行き来しながら課題を解決しようとする姿は、算数部の考える「こえる学びの姿」だといえます。

　この姿は、学習に限らず、学校生活や日常生活においても大切です。例えば、お楽しみ会の内容を考える際に、いくつかのアイデアを出した後、「結局、みんなが参加できて、楽しいって思えるものにしないといけないんだね」と抽象化して考えたり、「この遊びに決まったら、本当にうまくいくかな」と具体化して考えたりすることが大切なのです。

　しかし、1年生という発達段階においては子供に任せているだけでは、このような姿はなかなか引き出すことはできません。指導者が、「大事にしなければいけないことは何かな？」「実際にしているところを想像してごらん」などという声掛けを行うことで、少しずつ児童も考えられるようになると感じています。

　様々な場面において児童が自ら、「大事なことは〜だ」と抽象化して考えたり、「この場面においては、本当にこれでいいのかな？」と具体に戻って考えたりする姿を期待します。

「○○を1とみる」見方に抽象化して統合する学習

尾形 祐樹

算数科の学習を行う子供の意識として、目の前の問題を解決することだけが目的になってしまっている傾向があります。特に、計算領域では、「式」に対して「答え」という意識が強く、「答えが出れば終わり」と、問題を解決することのみが目的になってしまうことがあります。このような子供の意識を改善し、答えが出た後に、考えるべき課題を見つける力を育てることが重要だと考えます。

分母が同じ分数の加減計算は、「なぜ、整数で考えられたか」ということが考えるべき課題となるのですが、計算方法を理解した後は、子供自身が課題意識をもちにくい単元とも言えます。

そこで、本単元では、既習の小数の単元で働かせた「0.1を1とみる」という見方と分数で働かせる見方が同じであることに気付かせ、「○○を1とみる」という見方に抽象化して統合することを大切にしました。ここに、子供たちの「こえる学び」の姿を期待します。

1 「こえる学び」と「こえる学びの拡張」

本実践における「こえる学び」は、「○○を1とみると、整数で考えられるという小数で得た汎用性のある考えを、分数でも同じようにできるかと具体化して考える姿」と捉えています。算数科で捉える「既習事項や他者の考えを統合して発見した汎用性のある考え方を具体化して問題解決に活かそうとする姿－実践」にあたります。

また、算数科における「こえる学びの拡張」として「抽象化してみて、具体

化する力」を身に付けた子供には、様々な場面で、多様な考え方を統合し、汎用性のある考え方を発見し、目の前の課題に対して具体的な解決方法を考える姿を期待しています。「$\frac{1}{\square}$を1とみる見方」は、5年生で学習する異なる分母の分数の加減計算でも働かせる大切な見方です。本時の問題場面でも、子供によっては、異なる分母の分数の加減計算でも通分すれば、同様の見方を働かせ計算することができることに気付くこともあります。さらに、「いつでも使えないか」「この場合は使える」と考える姿は、算数科にとどまりません。「目的によって使える場合がちがう」など他教科や日常で生かされる汎用的な見方となります。これらの姿を、「こえる学びの拡張」と捉えています。

② 「こえる学びの拡張」を視野に入れた学習環境デザイン

(1) 小数で働かせた見方と統合しやすい教材

　本時で扱う数値は、分母が10のため小数に直して考えることができます。その意図は、単に答えを小数に直して求めることができるということにとどまりません。小数の加減計算で働かせた「0.1を1とみる」という見方を想起させることです。小数と分数で働かせた見方が同じであることに気付かせ、「○○を1とみる」という見方を統合させていきます。

(2) 数学的な見方・考え方を他の単元や他教科にも働かせやすい「ことバンク」

　本学習の前に、小数の加法、減法で本単元に関わる「0.1を1とみる」という見方を扱いました。授業内に「0.1を1とみる」という子供から出た見方を価値付け、「ことバンク」として掲示しています（図1）。しかし、見方を掲示したからといってすぐに定着するわけではありません。復習として「0.3 + 0.2の計算を3 + 2で計算できるのはなぜか」について説明を書かせました。「0.1を1とみるから3 + 2で計算できる」と解答できた子供は、決して高い率とは言えませんでした。また、「2年生までの学習で同じような見方はあったか」という問いに対して、「300 + 200も100を1とみると同じ3 + 2となる」と自ら既習の学習と結び付けることができた子供も多くありませんでした。この実態からも、数学的な見方・考え方を働かせるためには、関連する様々な単元でスパイラルに扱いながら、その価値を子供に実感させていく必要があると感

じています。

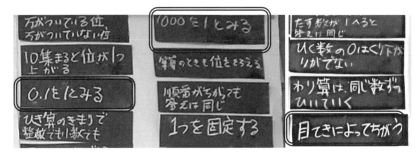

図1　既習の数学的な見方・考え方の掲示物

③　実践

(1)「式をおきかえる」という表現で、整数で考えることを促す姿

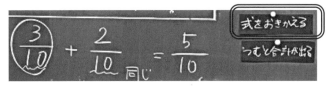

図2　「式をおきかえる」表現が出た板書

　問題場面から大きいびんと小さいびんであっても、$\frac{3}{10}$L と $\frac{2}{10}$L は、足せるということを確認しました。答えを尋ねると $\frac{5}{10}$L になるとほとんどの子供が答えました。

　ここで、$\frac{3}{10} + \frac{2}{10}$ の答えが $\frac{5}{10}$ になる理由を問いました。教師は、答えが $\frac{5}{10}$ なることについて、小数に置き換えて 0.3 + 0.2 = 0.5 だから、$\frac{5}{10}$ になると考えていました。しかし、この時点で子供は、答えの 0.5L と $\frac{5}{10}$L が同じであることを説明せず、「式をおきかえる」という表現（図2）をしました。さらに、この表現について「式をおきかえるは、ことバンク！（価値付ける表現）」と子供が友達の考えを価値付けました。ことバンクは、子供の数学的な見方・考え方を日常的に評価し、指導に生かしていきたいと考え、子供の言葉を掲示する取り組みです。

　「式をおきかえる」という表現は $\frac{1}{10}$ を 1 とみれば、「3 + 2 で計算できる」こ

とを意味しています。自分が見えた見方をもとに、他の子供たちに、整数で考えることを促そうとしています。日常的に、すぐに自分が見えた見方を説明するのではなく、他の子供にもその見方を自分で見つけられるよう伝えていることが、子供の言葉に表れていました。複数名の子供が、$\frac{3}{10} + \frac{2}{10}$ について $3 + 2$ で計算できるという見方に気付いていることが分かりました。

　授業後の再現ノート（図3）でも、「式をおきかえる」と発言した子供が $3 + 2$ で計算できることを表していたことが分かります。

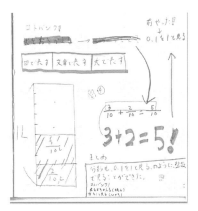

図3　授業後の再現ノート

こえる学びの姿

　「式をおきかえる」という表現で「整数の計算と同じように考えられる」というこれまでの見方に自分が気付き、さらに友達にヒントの形で伝えようとしています。

（2）$3 + 2$ で計算できる理由を〇を使って分数と小数を関連付けて説明する姿

T：これで $\frac{5}{10}$ L って説明して。

C：ここからここが $\frac{3}{10}$ L でここが $\frac{2}{10}$ L だから、下から上まで数えていくと $\frac{5}{10}$ L。

T：数えてみて。

C：もっと簡単に言えます。

T：1、2、3、4、5。

C：もっと簡単にできます。

T：どうぞ。

C：1目盛りが $\frac{1}{10}$ L だから、$\frac{1}{10}$ L が5個あるから、$\frac{5}{10}$ L。

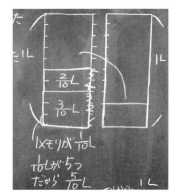

図4　リットルますの板書

T：1目盛りが何って言っていた？

C：$\frac{1}{10}$L

T：$\frac{1}{10}$L で、それを？ 1，2，3，4，5。$\frac{1}{10}$L が 5 つだから、$\frac{5}{10}$L。

　まず、答えが $\frac{5}{10}$L になることについて、リットルますでノートに書いている子供に黒板上で説明をさせました（図4）。最初の子供は、「ここからここが」とリットルますを指さしながら、図で範囲を示して説明しました。しかし、1目盛りが5つ分あるということについて触れていなかったので、他の子供につなげました。他の子供からは、1目盛りが $\frac{1}{10}$L で、$\frac{1}{10}$L が 5 個あるから $\frac{5}{10}$L になると明確な表現が表れました。3 ＋ 2 と整数で考える際に説明の材料となる図ですが、この時点では、まだ抽象化して考えようとする姿は見られませんでした。

　「式をおきかえる」に戻り、どんな式に置き換えようとしたのか問いました。「3 ＋ 2」という答えが返ってきたので、本時の課題である「3 ＋ 2 で計算できるか」について理由を考えさせました。「前のと似ている」というつぶやきが出るなど、既習の小数の学習と結び付けようとする姿がすぐに現れました。ノートを見ると、○○○＋○○と表現する子がいたので黒板に表現させました（図5）。これは、既習の小数の学習で、0.1 を○の中にかいたアイデア（図6）と同様の表現をしており、小数の加減の計算の「0.1 を 1 とみる」見方を働かせていることが分かりました。○の図が何を表しているか、他の子供に問うと、「$\frac{1}{10}$ を 1 とみる」という見方を多数の子供が発言し、その考え方を子供が価値付けました。

図5 $\frac{1}{10}$を 1 とみる板書

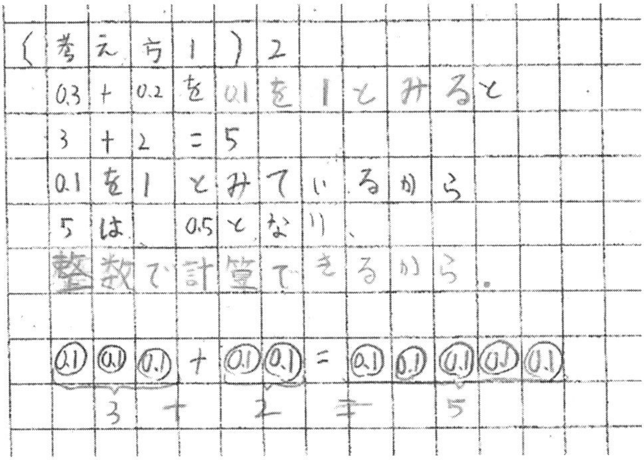

図6　0.1を○の中にかいたアイデア

4 「こえる学びの拡張」につながる子供の姿

　「式をおきかえる」という表現に対して、別の見方をしている子供がいました。$\frac{3}{10} + \frac{2}{10}$ を $\frac{3}{10} + \frac{1}{5}$ とみたのです。この見方が、異なる分母の分数の加減計算につながります。「分母が異なってもできそうだ」とこの子は考えました。教師にとって、算数の学習内容は、系統性を考えながら便宜的に学年に当てはめますが、子供たちにとっては、目の前の新しい問題を解く上で、既習を使って新しい問題を解決するわけなので、学年は関係ありません。

　学年の内容にかかわらず、同じ分母の分数でも、異なる分母の分数でも、○○を1とみると抽象化し、「同じように整数の計算でできないか?」とこれまでの汎用的な考えをより豊かにしようとする姿は、「こえる学びの拡張」につながります。抽象化して豊かになった汎用的な考え方を、他の具体的な場面で使えるかと考える過程自体を子供たちに振り返る場をつくり、意識づけることで、様々な日常場面で「こえる学びの拡張」の姿が現れることが期待できます。

「あまりのあるわり算」

解決した問題を発展させ、新しいことを発見する学習

加固 希支男

　わり算には、等分除と包含除の2種類があります。わり算はかけ算の反対なので、かけ算の意味に基づいて考えてみると、この2種類の違いは分かりやすいです。かけ算の意味は以下の通りです。

　（一つ分の数）×（いくつ分の数）＝（ぜんぶの数）

　（一つ分の数）を求めるわり算が等分除で、（いくつ分の数）を求めるわり算が包含除です。これは、あまりのあるわり算でも同じです。しかし、あまりのあるわり算で等分除を扱う際は、問題場面に気を付けなければいけません。等分除というのは、「等しく分ける」操作をするわり算なので、問題場面によってはあまりが出なくなってしまいます。例えば、「7枚のクッキーがあります。2人で同じ枚数ずつ分けると、1人分は何枚になるでしょうか」という問題だとすると、「1人分は3枚で、1枚あまる」という答えを出す子供が多いでしょう。しかし、日常場面に戻してみると、「クッキーが1枚あまっているのに、そのままにすることはない！」というのが多くの子供の発想です。教科書では、あまった物が等しく分けられるような物を扱うことはありません。もし扱ってしまうと、答えに小数や分数が出てきてしまい、あまりのあるわり算の学習にならないからです。しかし、答えに小数や分数が出てきてしまうわり算を考えてもいいのではないでしょうか？本当は5年生の内容でも、日常場面に当てはめれば分かることですし、子供自身が発見したら、こんなに楽しい学習はないでしょう。

1 「こえる学び」と「こえる学びの拡張」

本実践で最初に私が提示した問題は、「ミニカーが7台あります。3人で仲

良く分けると、1人分は何台になって、何台あまるでしょうか」という問題でした。各自が考えたり、周りの人たちと一緒に考えたりしながら、問題を解きました。そして、この問題の解き方を抽象化して「あまりの数は、わる数よりも小さい数になるようにする」という、あまりのあるわり算における汎用的な考え方を発見しました。

　最初に私が提示した問題を解決した後、子供たちは解決した問題を発展させました。抽象化して発見した「あまりの数は、わる数よりも小さい数になるようにする」という汎用性のある考え方を具体化し、他の問題に適応させたのです。

　問題を発展させる過程で、あまった物が等しく分けられるような物（クッキーやケーキ）を扱う問題を作る子供が出てきました。この姿は、「実践：既習事項や他者の考えを統合して発見した汎用性のある考え方を具体化して問題解決に活かそうとする姿」です。

　しかし、「あまりをそのままにするのか」それとも「あまった物も分けるのか」という疑問が湧き上がりました。「わり切れなければ、あまりを出すのが当然」と考えていた子供にとって、この疑問は、それまでの考え方を揺さぶるものとなり、まさに「没頭：既習事項や他者の考えを活かし、課題を解決しようとする」という算数科が目指す「こえる学び」の姿が見られました。どんな時でも使えると思っていた考え方を具体化することで、使えない場面があることにも気付き、考え方を刷新していくことにつながっていったのです。

　このように「抽象化してみて、具体化する」という思考方法は、算数の学習だけでなく、日常における話し合いの場面でも働かせられる場面があります。例えば、整美委員会の仕事を考える際、まずは、掃除道具の整理や掃除の呼びかけポスターを作ること等、具体的な仕事を出してみます。次に、それぞれの仕事を抽象化してみると、「みんなが気持ちよく過ごすための仕事」という共通点が見えてきます。そうすれば、「みんが気持ちよく過ごすために、他にもどんな仕事をすればよいか」と、他の仕事も考えることができるのです。

　子供自身が、様々な話し合いの場面で、より多くの人の意見を取り入れた納得解を導き出すような姿に、「こえる学びの拡張」を行っている姿を期待したいです。

② 「こえる学びの拡張」を視野に入れた学習環境デザイン

(1) いつでも、誰とでも関われる個別学習

　本実践は、個別学習で行っています。個別学習といっても、一人で問題解決をするという意味ではありません。いつでも、誰とでも関われることが認められた学習形態ということです。一人で問題を解くことができなければ、周りの人に聞いてもいいですし、問題が解けたら、隣の人と一緒に確認してもいいのです。また、問題を発展させたい時には、グループチャットに投稿された問題を見て、問題作成者のところに行って、一緒に考えてもいいのです。

　学習形態も子供が選択できるようにすることで、何を一人で考え、何をみんなで話し合うべきかを学んでいきます。また、個別学習にすることで、自分たちで学習を進める必要も出てきます。

(2)「着目ポイント」という抽象化の視点

　5年生で台形の求積公式を学習しますが、日常で使った経験はあまりないのではないでしょうか。台形の求積公式は、平行四辺形や三角形の求積の仕方を考えた際に発見した「面積を求められない形は、面積を求められる形に変形する」という考え方を使うことで、子供自身が考え出すことができます。そこに、「自ら新しい知識を創り出すことができる」という算数を学習する楽しさがあり、価値があるのです。算数で学習することのよさは、日常生活で役立つよさだけでなく、自分で新しい知識を創り出すために使うよさもあるのです。

　算数において、自ら新しい知識を創り出すためには、問題を解くための着眼点をもっている必要があります。「着目ポイント」というのは、問題を解くための着眼点のことです。前述した面積の学習であれば、「面積を求められない形は、面積を求められる形に変形する」という考え方です。この考え方をもっ

ていれば、多角形であっても、円であっても、面積の求め方を自ら考えること
ができるのです。

「着目ポイント」を意識させるためには、「解くために大切だった考え方を書
きましょう」という声かけが有効です。これは、解き方を抽象化するためにも
重要です。自分の解き方だけでなく、他の人の解き方も含めて抽象化すること
で、汎用的な考え方を見つけ出しやすくなるからです。

3 実践

(1) これまでの方法を乗り越える場面

右のノートはある子供が自分で作っ
た問題を考えた際のものです。「ケー
キ 20 個を 6 人で分けると、1 人分は
何個になるのか」という問題ですが、
この子供は何気なく作っていました。
答えは「3 個であまり 2 個」とすぐに
出していましたが、あまりの 2 個をそ
のまま放っておくのがおかしいと思っ
たのです。

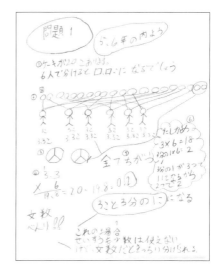

近くにいた小数を知っている友達か
らアイデアを聞いて、「3.3 こ」という
答えを出しました。しかし、3.3 × 6
というたしかめ算をやっても 20 にならないことから、小数では答えが出ない
ことに気付きました。そこで、分数を使って、「3 こと 3 分の 1 こ」という答
えを導き出していました。

分数を使ってたしかめ算をやってみると、ちゃんと答えが 20 になることも
発見し、分数の便利さを感じていました。もちろん、分数のかけ算は知りませ
んが、分数の意味に立ち返れば考えることができたのです。

こえる学びの姿

　「わり切れなければ、あまりを出す」という、これまで学習してきた方法でやるだけでなく、日常生活に当てはめて「あまった2個はそのままにしない」と考えて、これまで使ってきた方法を乗り越えようとする姿は、新しい知識を創り出す姿であり、まさに、算数における「こえる学び」の姿です。

（2）友達の考えをさらに深める場面

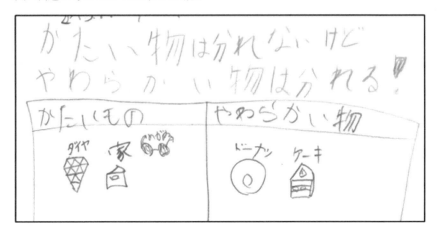

　この問題を聞きつけて一緒に考えた子供は、上のように、割れない物と割れる物について考え、集合をつくってノートに書いていました。見てみると、1個の物を割ることができる物とできない物に分けていることが分かります。この集合を作ることによって、あまりをそのままにした方がよい物と、そうでない物があることを発見しているのです。この姿は、「あまりが出たらそれで終わり」とするのではなく、あまりのあるわり算の先を、子供自ら創り出そうとしている姿であり、まさに「こえる学び」をしている姿だと感じました。

　他の子供たちも「あまりをそのままにするのはもったいない！」「SDGsが大切だ！」と言って、自分の生活と照らし合わせながら、あまりのある等分除のわり算の意味を広げ、小数や分数のわり算の世界に入っていきました。

この後も、「あまりをそのままにしてよい問題と、さらに分けてもよい問題は、どんな時か」と話しながら、どんどん問題を作る姿が見られました。

こえる学びの姿

友達の疑問を自分事とすることで、自分では気付けなかったことに気付く姿が見られました。左のノートを書いた子供は、自分では、あまりを分けるという発想をすることはありませんでした。

しかし、友達の疑問を聞き、自分でも考えることができました。汎用性のある考え方を見つけると、他の考え方が使えたとしても、考え方を変えることが難しいものです。しかし、友達の疑問を自分事とすることで、他のやり方があることに気付くことができたのです。

④ 「こえる学びの拡張」につながる子供の姿

あまりのある等分除のわり算の解き方を抽象化し、汎用性のある解き方を見つけたことも「こえる学び」の姿と言えますが、あまりをそのままにせず、解き方をアップデートしていく姿も、素晴らしい「こえる学び」の姿でした。そこには、「習っていないことは使ってはいけない」という制限はなく、友達の知っていることも取り入れながら、新しい知識を創り出していく子供の姿がありました。この姿こそ、「こえる学びの拡張」につながる子供の姿だと感じました。

日常で対面する問題には、それまでの解決方法だけでは乗り越えられない問題が多々あります。そのため、既存の解決方法に固執するのではなく、多様な考え方を抽象化して、よりよい解決方法を導き出す必要があります。今後、学習場面だけでなく、日常場面でも、様々な解決方法を試し、自分が知らないことを知っている友達の知識も活用しながら、たくましく問題解決に臨む子供の姿を期待します。

「もののあたたまり方」

印象や先入観に惑わされず、事実から妥当な考えを導く学習

小林　靖隆

　物質は本来、熱が供給されると分子の動きが活発化することで体積が膨張し、密度が小さくなります。それによって単位体積ごとの重さが軽くなるので、浮力が生じ上昇します。一方、鉄などの個体は、構成する原子が液体や気体と違い自由な移動が行われないため、熱だけが同心円状に広がります。しかし、その現象は人間の目では捉えられません。見えないものを見えるようにすることの必然性がこの単元にはあります。この必然性は、授業レベルの話だけではありません。メディアが発信する意見は何を根拠に言っているのでしょうか。自分の意見が果たして正しい根拠・事実に根付いた意見なのか自ら問いただしたでしょうか。最近の社会の動向を鑑みると、事象を数値などの事実から考察することの重要性を再確認できます。印象に惑わされずに、事実から妥当な考えを導く授業について紹介します。

1 「こえる学び」と「こえる学びの拡張」

　理科が目指す「こえる学び」とは、「興味・関心をもって自然と関わり、そこから見出した問題を粘り強く解決しようと熱中し、獲得した知識・技能、問題解決の力を駆使して、曖昧な概念をより科学的な概念へと更新すること」と捉え、「没頭」「実践」「往還」を以下に整理しました。

> 没頭：興味・関心と共に問題を自分事として捉え、何とかして解決しようと熱中する姿

実践：これまでに習得した知識・技能を生かし、自分の力で調べる姿

往還：結果と予想を振り返りながら、曖昧な概念をより科学的な概念へと
　　　更新する姿

　本実践における「こえる学び」は、「他者の意見との『違い』や、自分の予想と自分の考察にある『違い』を理解し、知を更新しようとする姿」から見ることができます。理科において様々な場面で『違い』は表出します。代表的なもののうち、1つ目は「予想」場面です。自分と他者で予想が反対の内容をもっている場合もあれば、同じ予想をしているけれどその根拠に違いが起きることがあります。子供が予想を発表しただけではそれは表れづらく、十分な議論によってその違いを子供一人一人が自覚していきます。

　2つ目は「考察」場面です。ここでは「過去の自分と今の自分」の間での違いです。深く掘り下げた予想が実験・観察を通して、結果と違う時が出てきます。その際に思い込みや先入観から抜け出せずにいることのないよう、事実をもとに自分の知を更新できる子供になってほしいです。本実践では、予想で出た意見と結果を比較させる働きかけを行い、事実から妥当な考えを導けるようにしていきます。

　そして、「思い込みや印象、先入観に左右されることなく、事実を根拠に問題を解決する様子」を「こえる学びの拡張」と捉えています。友達、教師、家族をはじめ、子供たちは実に多くの人と関わっています。その中で、他者が様々な提案や意見発表をしてきますが、「○○さんが言っているから…」とその発表内容ではなく、提案する人で納得したり、同意したりと判断を変える場面があります。これは、個人の思考のエネルギー消費を抑えるためにやむを得ず行われるものかもしれませんが、数値をはじめとした事実を根拠に考え、行動できる子供になってほしいと思い、上記のような姿に期待しています。

② 「こえる学びの拡張」を視野に入れた学習環境デザイン

（1）温度変化を数値から読み取る

　本実践の実験・観察において、空気の温まり方を調べるには、下からアルコールランプやカイロなどの熱源で温め、線香を使って温められた空気の動き

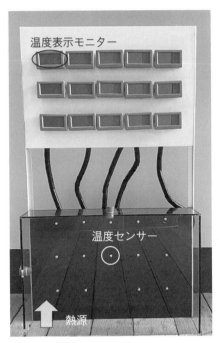

温度表示モニター

温度センサー

熱源

開発した気温変化実験器

を観察することが多いです。しかし、それは「動き」を捉えることはできるが、「温まり方」を捉えることは難しいのではないでしょうか。また、示温テープや示温液などの「○度以上になったらピンク色になる。」という色の変化から現象を読み取るものもあります。今回は、「どのように温まるのだろうか。」という問題を設定した場合、子供が知りたいのは具体的な「温度」なのではないでしょうか。そこで実際に温度をはかり、数値の変化から考察、結論や新たな問題を導くことができるように、低・中・高の3つの高さの層に電子温度計を15ヶ所設置しました。

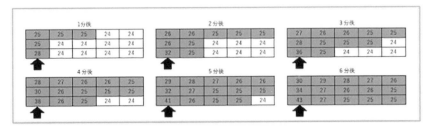

空気の温まり方　実験器の時間変化と温度変化の関係

（2）安心して学習できる環境をつくる

　教師に対して信頼感や安心感をもっている子供は、自ら学ぶ意欲が高いことが分かっており、向社会的な欲求も高く、教師に対する信頼感や安心感は子供の向社会的な欲求を促進し、結果として自ら学ぶ意欲も促進されるのではない

かと言われています。また、教師が自立性を支援するタイプのリーダーシップを発揮する場合は、教師がコントロールしようとするタイプのリーダーシップを発揮する場合よりも内発的な学習意欲が高いということが分かっています。このことから、日頃から子供の思考に寄り添い関わり、「先生は自分たちの思いを実現してくれる」という意識をもたせるように働きかけてきました。これが問題作りや検証計画の立案の場面で効果的に発揮されてきました。今回の授業でも、自律的な意欲で取り組む子供に対しては見守り、他律的な学習意欲の子供に対しては適宜、賞賛することで意欲を高めていきました。また、3年生の時から、「自己開示」を強調して学級経営を行ってきました。言いたいことがあっても我慢することを学級全体として許さないよう働きかけてきました。その成果もあり、自己表現を進んで行う子供が増えてきただけでなく表現が豊かになってきたと感じています。実験や考察の発表などでは進んで友達や学級全体に関わる姿が多く見られるようになりました。

(3) 子供の説明する力を育む

　子供の説明する力を育むために、議論の際は、話題が変わるごとに発表者が前に出て意見発表を行いました。子供の意見発表時には、聞いている子供に対して「同じ意見・違う意見・その他」の3つの立場を示させ、発表者の発表に不十分さを感じた際には、同じ意見をもつ子供に補足を促し、十分な発表だった場合は違う意見もしくはその他の子供に発表をさせて、意見がより深まるようにしました。

(4) 同じ予想をした子供同士でのグループ編成

　自分と同じ予想をした子供同士でグループを組むことで、現象のどこに着目して見ればよいかを話し合い、明確にしてから実験に臨めるようにしました。また、実験前に同じ予想をした子供で話し合うことで、自分の予想に自信をもち安心して学習できる環境にしていけるようにしました。

3 実践

(1) 予想を十分に議論することで先を見通して現象を捉える場面

　子供の「こえる学び」の姿について、「他者との意見や予想場面と考察場面での考えの違いを『数値』をもとに理解し、知を更新しようとする姿」と捉えて授業を行いました。前時での予想を想起させた後、表に温まる順番を書いていくことが、自分の考えをより明確にさせる手立てとして有効であったと考えました。

気温変化実験器の数値は大型モニターに表示

　それは、実験中の子供の様子から「上に行った！なんで？自分の予想と違う。不規則じゃないか？」や「予想と全然違った！」「これは不規則だな。○くんすごいな」などといった声が漏れ出ていたことからも見取ることができました。

🚩 **こえる学びの姿**

　予想の段階で十分に議論し、どんな気温変化をするか図に表現していきました。そうすることで漠然と実験を見るのではなく、自分の予想と照らし合わせながら、目の前で起きている現象をかぶりつくように見ていました。

(2) 納得いく説明をしようと協力して取り組む場面

　同じ予想をした子供同士でグループを組むことで、協働する姿を多く見ることができました。空気の温まり方に規則性があることを論じる時に、規則性はないという主張と、規則性は存在するという主張のぶつかり合いが起きました。規則性があると主張している子供は、自分一人で発表するのではなく、同

じグループの子供に声を掛け合って、どうすれば学級の友達が納得いく説明ができるか思考を巡らし合い、説明しようとする姿が見られました。自分と友達で紡ぐことで子供たちが一人の時よりも大きな力を得るということを授業を通して感じた場面でした。

空気の温まり方を説明する姿

こえる学びの姿

　自分の考えとは違う方向へ、学級の考えが流れていく時に、どうにか納得のいく説明ができないか、同質の予想と考察をした子供が協働する姿が見られました。

④ 「こえる学びの拡張」につながる子供の姿

　授業の終盤に子供が発表した空気の温まり方の説明が何人かにとっては納得解といえるものでしたが、何人かはその発表をはね除け「不規則だ」と対立を強調する場面がありました。その時、他の友達が「自分なら○○を助けられる！」と言って手を挙げて、発言する姿が見られました。印象や先入観・他者の意見に流されず、事実をもとにして思考を巡らせる姿が見られ始め、「こえる学びの拡張」につながりました。この学習環境や集団への帰属意識を醸成し、互いに励まし、互いに高め合う学び手を育んでいくことで、学びを学校生活や日常生活に活かしていけるようにします。

理科 第6学年

「土地のつくり」

岩石を色々な方法で調べ、自分なりに判定する学習

三井 寿哉

　本校には岩石園という 20 種の岩石が教材として展示された小径があり、その岩石園を基にした本校オリジナルの歌「岩石園のうた」があります。子供たちはその歌を 1 年生で学び歌うことができます。しかし、歌えるものの実際の岩石を見たことがない子供が多いのです。現在の岩石園は残念ながら草木に埋もれ、岩石は風化し、誰も目にとめないありさまです。歌の歌詞に登場する岩石と岩石園の岩石は別物と思っている子も多いようです。

　そこで本授業では、みんなが歌詞として知っている岩石と実際の岩石園の岩石を照らし合わせ、岩石の名前を決めました。これまで学習した知識や技能を駆使しながら自分の力で岩石を判定する探究活動について紹介します。

1 「こえる学び」と「こえる学びの拡張」

　理科で目指す「こえる学び」の一つに、「これまでに習得した知識・技能と問題解決の力を駆使して、粘り強く調べる」という学んだことを「実践」する姿を掲げています。本学習は、大人でも難しい岩石の種類の判定に挑みました。ただ図鑑を見ながら判定するだけの活動ではなく、これまで自分が獲得した知識や調べる方法を最大限に発揮し、科学的な根拠をもって岩石の種類を仲間と共に決めていきます。知識をつなぎ合わせ、自分なりの科学的な考えをもって判断する姿はまさに「こえる学び」といえます。

そして、事実を基にしながら妥当な考えをもとうとする学習活動は、科学的な根拠や考えをもって判断することの自信や楽しさを得ることにつながります。あふれる情報に翻弄され、何が正しいのか判断に迷う世の中。自分なりに根拠をもって妥当な判断をして行動に移すことができ、他者の意見とすり合わせながら常に自分の判断に問い続けられる姿こそ「こえる学びが拡張している姿」と言うことができるでしょう。

② 「こえる学びの拡張」を視野に入れた学習環境デザイン

（1）子供にとって身近だがよく理解されていない事物を教材にする

本校の岩石園は長年放置されたままで標示もありません。子供たちは本校オリジナルの岩石園の歌により名前は知っていても、その岩石の様相については全くの未知どころか、その岩石がどこにあるのかも曖昧でした。20種類（図1）もある岩石園の岩石を教材とし、既知の名前が実物の岩石と結び付くことで、これまで意識せずに歌っていた歌のイメージを変えていきます。

| 堆積岩：砂岩 角岩（チャート）礫岩 |
| 凝灰岩 石灰岩 |
| 火成岩：溶岩 花崗岩 安山岩 |
| 玄武岩 斑れい岩 閃緑岩 |
| 石英閃緑岩 |
| 変成岩：蛇紋岩 ホルンフェルス |
| 紅れん片岩 緑泥片岩 |
| 絹雲母片岩 黒色粘板岩 |
| 大理石 |

図1：岩石園に存在する岩石（20種）

（2）まとめかたオリジナルの図鑑を作る

比較することを意識して調べ、実感のある観察が行えるよう、一人一人のオリジナル図鑑を作ることにしました。図鑑の作成方法は自由です。色鉛筆とノートで作成する、PCで作成するといったまとめやすい方法を選び、自分に合った学習スタイルを大事にしていきます。本活動に入る前に堆積岩、火成岩、変成岩の3種類に分けられることは指導しました。あとは自分の力で判定していきます。

（3）自由に研究の場づくり

本時は理科室と野外の岩石園の2つの学習の場を設け、子供の探究の目的に

合わせて自由に行き来できるようにしました。あらかじめ班も構成せず、自分が調べたい目的や調べる手段が同じ仲間が集えるようにしました。よって単独で黙々と探究する子もいれば、仲間で話し合いながら探究する子もいます。最後は学級全体で判定した結果を共有していきます。

③ 実践

（1）導入・学習問題をつくる場面

まずは、子供たちと1年生の時に歌った「岩石園のうた」を想起し、歌詞カード（図2）を提示しました。また、本校の岩石園に足を踏み入れ、岩石の様子を観察しました。子供たちは歌うことができ、歌詞も覚えているものの、岩石の様相は知らないことに気付き、本学習における学習問題をつくりました。

```
岩石園のうた                    渡辺 茂 詞曲

小砂利の間に並んでる 岩石園の仲間たち
私の名前を覚えてと　名札をつけて待っている
砂岩 溶岩 花こう岩 角岩 礫岩 蛇紋岩
凝灰 石灰 安山 チャート 緑泥片岩 玄武岩
ホルンフェルスに 斑れい岩
紅れん片岩 閃緑岩
石英せん緑 絹雲母片岩 黒色粘板 大理石
小砂利も昔は岩だった
砕けて小さくなったんだ
さざれ石とも言うんだよ
こどものあしあと お断りー（拍手）
```

図2 岩石園の歌

C：岩石園の歌を覚えている。今でも歌える。けど、その岩石がどんな石か知らない。

T：岩石園の岩石を実際に見てみよう。

C：どれがどの岩石なの？全部同じに見える。

問題：岩石園、どれがどの岩石なのだろうか。

（2）調べる方法について話し合う場面

T：岩石は形成によって堆積岩、火成岩、変成岩の3種類に大別できます。

C：砂岩、礫岩は言葉の様子や前時までの学習から堆積岩であることは予想がつく。

C：その他の石については見当がつかない。

T：理科室に岩石標本があります。

C：これがあればなんとか判別ができ
　　そうだ。

図3　岩石標本を観察し岩石を大別
　　する

（3）岩石を判定する場面

　岩石標本をもとに観察を行い、自分な
りの岩石図鑑の作成を試みました。班ご
とに、結果と岩石園の岩石を比べ、名前
を判定しました。図鑑づくりはノートに
まとめたり、PCでまとめたりできるよう子供に選択させます。

C：堆積岩といっても固い岩石も多い。

C：角岩とチャートって同じなのか。知らなかった。

C：標本にない岩石はネットで調べてみよう。

C：片岩は主に変成岩らしい（図3）。

C：石の表面をもっと詳しく見てみたい。先生この石を割ってもいいですか？

こえる学びの姿

　岩石を割った経験のある子は、風化した岩石の様相ではなく、割ったと
きの色で判断する必要があることを提案し、ハンマーが欲しいと要求して
きました。岩石の一部を割り、風化されていない岩石の色や模様と標本を
比較する姿は子供主体による新たな実験方法の工夫と捉えることができま
す。

（4）学んだ知識を生かす場面

C：この石は石灰岩かな。石灰岩は塩酸に溶けると二酸化炭素が出ると習っ
　　たので、これも溶けるかもしれない。実際に溶かしてみたい。

C：先生、この石を少し削って塩酸に溶かしてみていいですか？（図4）

C：泡を出して溶けた！これは絶対に石灰岩といえる。そして泡はきっと二
　　酸化炭素だ。

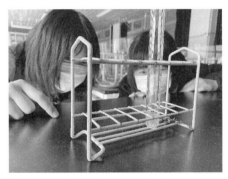

図4　岩石を塩酸で溶かしてみよう！

🚩 **こえる学びの姿**

　これまでの学習で得た知識をつなぎ合わせ、新たな調べる方法を見出すことができた。また、実際に確かめることで自分の知識にも自信をもつことができました。

（5）自信がなくても仲間と共に考える場面

　風化した岩石群に名前を決めていく活動を一人で行うのは難しいものです。そこで、班ごとに考えを共有しながら判定できる学習環境の場を大事にしていきます。少人数で岩石の名前を決めたことがクラス全体で認められたとき、自分の考えに自信がもてるようになるでしょう。子供は標本の岩石と似ていても、判断の決定に自信がもてない様子が見られました。

Ｃ：これは絶対に砂岩だよ。触り
　　心地も似ている。

Ｃ：これは絹雲母片岩に似ている
　　けど、なんか違う。

Ｔ：友達で話し合って決めてみた
　　ら？

Ｃ：緑色で平面がつるつるしてい
　　る感じが似ているから絹雲母片
　　岩だと思う（図5）。

図5　友達の考えが自分の考えに生きる

C：私も同じ考え。この石は絹雲母片岩と判断できそうだ。

こえる学びの姿

　互いの科学的な根拠をすり合わせることで、自分の考えに自信をもつことができ、自己効力感を高めることにつながりました。

理
科

4 「こえる学びの拡張」につながる子供の姿

　決めた岩石名を班ごとに照らし合わせ議論を重ねていくことにより、岩石園に存在する20種類の岩石に名前を付けることができました。これまで何気なく見ていた石の集まりが堆積岩、火成岩…といった成り立ちをも含めた新た見方になり、岩石に対する興味をもつことができました（図6）。

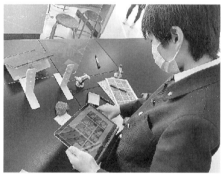

図6　PCでオリジナル岩石図鑑を作成する

　また自分たちの力で判定することができた成就感も後の日記から読み取ることができました。「せっかく判定した岩石なのだからネームプレートを作りたい」「岩石園の歌に岩石の写真を添えて1年生に歌ってもらいたい」「近所の公園にある大きな石も、標本を使えば何の石か判定できるのではないか」といった学習の広がりが見られました。

「つくって　ためして」

とことん遊ぶ中で追究することの面白さを実感する学習

富山　正人

子供たちが自分から意欲的に学習を行うことができたら、そういう学習を経験する機会に恵まれたら、授業が始まる前から学習を始めていたら…。それは教師としてこの上なく嬉しいことに他なりません。本単元では子供たちが自ら主体的に対象に関わることを通して気付きを得て、そして、その気付きを基にして、更なる可能性に挑戦する姿を期待して学習を構想しました。教師から教えられることを待つのではなく、自分で気付いたり、仲間と対話したりすることを通して、自分のもつ気付きを確固たるものにしたり、発展させたり、新たな問いに出会ったりする個々の学習過程を大切に学習を展開しました。今回は、磁石やゴム、身近な素材を使っておもちゃを作ったり、遊んだりするという学習を通して、子供たちに、追究することの楽しさを感じたり、自律的に粘り強く学習に取り組む経験をしたりしてほしいという想いをもって行った授業です。

1 「こえる学び」と「こえる学びの拡張」

本校の生活・総合的な学習の時間部（以下、生活・総合部）は次のように「こえる学び」を捉えています。

没頭：活動の中で出会ったことに対して自分事として捉えること。
実践：①子供が直面する様々な問題を「乗り越える」こと。
　　　②気付きや情報を体験に生かして行為したり関連づけて考えたりすることで、より新たな見方や多面的な考え方ができるようになること。
往還：①よりよく生活するために新たな活動を見出し、内容や目的、意味を「更新」したり、自己を取り巻く生活や世界を「拡張」したり

すること。

②子供自身が、自己を見つめ直し肯定的に捉えたり、自己の行動や生き方を問うたりすること。

　生活・総合部では、まず子供たちが問題を乗り越えることを大切にしています。ここで言う「問題」とは、教師が設定した課題ではなく、子供たちが自らの学習の過程で自分たちの前に立ちはだかった壁を指しています。子供たちが、「どうしても解決したい…」「どうにかしたい…」と思うような問題をもつことを大切にしています。このような問題を乗り越える過程で様々な試行錯誤を繰り返したり、仲間にアドバイスをもらったりしながら活動を工夫していきます。どうにかしたいという強い思いを抱き、様々な工夫を重ねて取り組んだ問題を乗り越えることができた時、きっと子供の心が動く瞬間があるでしょう。子供たちにとって切実感のある自分事の問題を乗り越え、満足感や達成感を味わうことができた時を生活・総合部では「こえる学び」の一つとして考えています。

　このような活動を重ねる中で、子供たちが自らの活動に新たな目的や意味をもったり、自分の経験や体験を活かして、更なる可能性に挑戦しようとしたりする姿やある物事に対して新たな見方や多面的に見ることができるようになる姿も生活・総合部では「こえる学び」と位置付けています。また、活動の区切りでは、自らを振り返り、活動のあゆみや自己について肯定的に捉え、自らの可能性やよさに気付き、これからの自分に活かしていこうとする姿も大切です。

　生活・総合部においては、生活科・総合的な学習の時間を通して出会った自分のよさや力を発揮できた経験をその学習が終わった後も生かして生活する姿や以前よりも自信をもって生活する姿を「こえる学びの拡張」と捉えています。子供たちが、授業を通して内容の習得だけで終わるのではなく、その内容をつかむ過程を通して発揮された自分のよさを日常生活でも活かして、子供が自信をもって生きる姿を視野に入れて授業づくりを行っています。

2 「こえる学びの拡張」を視野に入れた学習環境デザイン

(1) 入り口はシンプルに！

　先述のように、生活・総合では子供たちが「切実感をもった問いをもつ」ということを授業づくりの中で大切にしています。子供たちからそのような問いが生まれてくるために、与えすぎないということを心掛けました。本単元でも、子供たちが日常生活でゴムや磁石に興味をもったことをきっかけに、最初はゴムや磁石1個で遊ぶというところからスタートしました。最終的には大きさの違うゴムや磁力の違う磁石を何種類か用意して子供たちが組み合わせて遊べるような環境にしましたが、学習のはじまりはできる限りシンプルな環境にしました。初めてのゴムでうまくゴム飛ばしができないところから始まり、ゴム飛ばしができるようになってくると子供たちの間で自然と競争が始まります。その中で、ゴムをつなぎ合わせたくなったり、もっと大きいゴムが欲しくなったりします。最初からたくさんの素材を与えるのではなく、子供の求めや活動の展開を予想に基づいて徐々に広げていき、子供たちの活動の広がりに応じた、素材との出会いを心掛けました。

(2) 授業の時間だけが学習ではない

　子供が夢中になり、気になって仕方がないという様子になってくると、授業という時間の枠をこえて子供は気になったことを追究しようとします。そのような子供の活動を授業の中だけにとどめておくのはもったいないことです。教室環境として、子供たちのおもちゃや遊び、身近な素材を目に入りやすいところや手の届きやすいところに置いて、休み時間や隙間時間を活用して学習を行うことができるようにしました。また、本校ではMicrosoftのTeamsを使用しています。そこで、家庭で取り組んだことの成果を画像や動画で投稿できるようにして、子供たちが家での学習の成果を仲間に見せることができるようにしました。子供たちはお互いに見せ合い、仲間の遊びを真似たり、アドバイスをし合ったりしました。子供たちにとっては、仲間の活動の様子を見られるだけでなく、自分の活動を発信して、認められることが更なる意欲につながっているようでした。教室環境やオンラインツールの活用を通して、授業と授業の

間にある学習がより充実するようにしました。

（3）毎時間の計画づくりと単元の最後に自分を振り返る

　学習が進むにつれて、子供たちの活動がより多様になることも予想されたため、クラス全体で共通のめあてをもって活動に取り組むのではなく、授業の最初に本時のめあてや活動内容や場所を自ら設定するようにしました。教師が内容と方法をあらかじめ設定するのではなく、自分が立てた授業のめあてに応じて、自分で内容と方法を決定することを大切にしました。自己選択・自己決定の機会を保障して、子供がそれを行うということが授業の時間をこえても活きる力を培うことにつながるのではないかと考えました。

3　実践

（1）どうしても倒れない的を倒したい！

　この場面は、ゴムで遊んでいる時の一場面です。最初、子供たちはゴムで的当てを行っていましたが、時間の経過とともに遊びが発展していき、的当てから的倒しへと変わりました。的倒しでは、5、6人のグループで的を作成し、その的を倒して遊んでいました。的はサランラップの芯をいくつかつなぎ合わせて、底に発泡トレイをつけたものです。その的倒し遊びの中で、ほとんどの的は倒れるのですが、右の写真のように、最後に一つどうしても倒れない的があります。的が大きいので、ゴムが当たるものの、なかなか倒れないのです。

　ただ、何度も的にゴムを当てていると A 君があることに気付きました。それは隣の B 君のゴムが当たると的が揺れているということに気付いたのです。A 君は一般的な大きさのゴムを使っているのに対して、B 君は大きいゴムをいくつもつなぎ合わせて使っているのでその分威力が大きいのです。その揺れている様子を見た A 君はある作戦を思いつき、B 君に伝えました。

「ねぇ、B君いいこと思いついた！ B君先にバンって打って、そして揺れている間におれがそこに当てるから！」

　B君にそう伝えたA君は、それまでにやっていたことに変更を加え、的に近寄り、的の正面に立つのでなく、斜めに立ちます。そして、作戦1回目は呼吸が合わずにうまくいきませんでしたが、2回目は2人の当てるタイミングがうまく重なり、これまでどうしても倒れなかった的がついに倒れました。そして、2人は歓喜の叫び声をあげました。「みんなで楽しみながら遊びを創り出そうとする」という単元目標をもって行った学習において、自分たちでより工夫して熱中できる遊びを創り、またその遊びの中で自らの行動を調整したり、仲間と力を合わせて取り組んだりする姿はとても価値のあるものでした。

こえる学びの姿

　A君とB君が歓喜の叫びをあげた瞬間は2人がまさに直面する壁を乗り越えた瞬間でした。もしかしたら、乗り越えたというよりも壁を押し倒したという表現の方が適切かもしれません。自分事になった問題に直面し、子供たちがなんとかしたいという一心で工夫を重ねたり、力を合わせたりする中で、子供の感覚が研ぎ澄まされ、ひらめいた作戦が実り、壁を乗り越えた瞬間でした。

（2）活動の自らのよさに気付く姿

　右頁の写真は学習の最後に、これまでの自分の書いてきた振り返りを読み直したりや活動歴を見返したりしながら、本単元での自分について書いた振り返りカードです。Cさんは振り返りカードに次のように記述しました。

　「おもちゃをつくってきてがんばってきたところがあります。それはマジックハンドをあきらめなかったことです。うまくいかなかったり、こわれたりしても、なおしたり、くふうしてあきらめませんでした。そして、あきらめなかったから、おあいてさんにたのしんでもらえました。わたしはせいちょうしたなと思いました。あきらめない気もちはいいことばかりだなと思いました」

Cさんはゴムを使ったおもちゃとして、マ
ジックハンドを家で調べて、作って学校に
持ってきて、更に改良を加えました。今回の
学習の最後には、1年生と一緒に遊ぶという
活動を行いました。そこでマジックハンドで
楽しく遊んでくれた1年生の姿を見ることが
できました。Cさんが、自分が諦めずにマ
ジックハンドづくりに取り組んだことと1年
生が楽しんでくれたことを関連付けて捉え
（あきらめなかったから、おあいてさんがた

のしんでくれた）、諦めずに頑張った自分や1年生を楽しませた自分に気付い
ている点が彼女にとっての「こえる学び」だと私は思いました。

こえる学びの姿

　活動内容を思い出したり、学習の成果を整理したりするだけでなく、学
習をしている自分を見つめ直すことで、自分について肯定的に捉えたり、
これからの自分の振る舞いを問い直すことにつながったりした場面でした。

4 「こえる学びの拡張」につながる子供の姿

　先ほどのゴムでの的倒しの話にはまだ続きがあります。B君は教室で取り組
んだ的倒しに更に改良を加えた遊びを家庭で行い、それをTeamsに投稿しま
した。自分から情報を発信するということにためらいをもっていたB君でし
たが、みんなで遊びを創った経験や遊びに熱中して取り組んだ経験があったか
らこそ、B君でも、クラスのみんなに積極的に情報発信をする姿につながりま
した。普段はあまり自分から発信することのないB君が自ら進んで投稿する
姿は、担任である私にとっては、教室での「こえる学びが拡張」した瞬間でも
ありました。

「サウンド・オブ・ミュージックの世界を表現しよう」

音楽の特徴を捉え、様々な方法で表現する学習

忰山　恵

本実践では、ミュージカル作品である「サウンド・オブ・ミュージック」の複数の楽曲を鑑賞することを通して、物語や歌詞と音楽の関わりを考えたり、音楽と身体表

現を関連付けたりしながら、それぞれの曲を総合的に表現することをねらいとしました。子供が曲の音楽的特徴を捉える際に、「旋律（音高の上がり下がり）」「フレーズ」「反復と変化」に着目させることによって、歌詞の意味内容だけでなく音楽を形づくっている要素や音楽の仕組みを意識した身体表現になることを期待した授業です。

① 「こえる学び」と「こえる学びの拡張」

　音楽科では「こえる学び」を生み出すために、子供が「自ら課題をもち、自ら学びを広げていくこと」が必要であり、子供が学びを広げていくためには、他者と関わりながら「課題をもつ⇔表現する⇔振り返る」というサイクルによって「自分の学びを見る目」を育てていくことが重要であると考えます。以下は没頭、実践、往還の3観点から整理した子供の「こえる学び」の姿です。

没頭：自ら音楽的課題を見出し、解決しようとする。
実践：音楽的課題を解決するために、具体的な方法を試行錯誤しながら、
　　　見通しを持って活動する。
往還：これまでに学んだ経験や友達の考えを生かしながら、自分の聴き方

> や表現の仕方を追究する。

　本実践での「こえる学び」の姿は、それぞれの楽曲の音楽的特徴を捉え、歌に合う動きをどのように考えるか、見通しを持って計画し、取り組んでいく姿です。また、これまでの学習や生活経験を生かしながら、グループで意見を出し合い、試行錯誤しながら音楽に合う動きを考え、グループで表現していく姿です。

　子供が授業の時間以外でも課題を見出し、解決に向けて取り組む姿が「こえる学びの拡張」であると考えます。子供の日々の学びを「こえる学びの拡張」につなげるためには、自分と音や音楽との関わりが授業の時間内で閉じたものではなく、自分の生活や社会の中の音や音楽へと広がりを持つことを意識させることが必要です。音楽の時間に学んだことが、「自分の生活や自分たちを取り巻く社会とどのように関わり、どのような意味があるのか」を考えることで、自分と音楽との関係性だけでなく自己の生き方を見つめ直すことにつながり、生涯にわたって音楽と豊かに関わり続ける子を育むと考えます。

　「こえる学びの拡張」につなげるためには、子供が音や音楽との関わりを広げたり、深めたりできる学習環境をデザインすることが必要です。そのためには、次の2点が重要であると考えます。

---

① 　生活や社会の中の音や音楽の働きという視点から、学んだことを自覚できること。　　　　　　　　　　　　　➡音楽との関わりを「広げる」

② 　自分の音や音楽の捉えをより豊かにしていくこと。

　　　　　　　　　　　　　　　　　　　➡音楽との関わりを「深める」

　本実践においても、子供が音楽との関わりを「広げ」「深め」ていくことをイメージして学習環境デザインを考えました。

② 「こえる学びの拡張」を視野に入れた学習環境デザイン

（1）音楽との関わりを広げる自覚的な学びの振り返り

　「こえる学びの拡張」のためには、授業における音や音楽が自分の生活や社

会の中の音や音楽へと広がりを持つことを意識させることが必要です。実生活や社会の中で、音や音楽がどのような役割や働きをしているかを考えることによって、授業での学びが生活や社会の具体的な場面や状況とつながり、より広く音楽を捉えることができるようになると考えます。

本実践においては、ミュージカルという音楽文化について作品を通して知ることや、総合芸術における音楽の役割を、実際に動いてみることで感じ取ることによって、生活や社会の中で音楽がどのように活用されているかが分かり、音楽との関わりを「広げる」ことにつながると考えます。

（2）音楽との関わりを深める思考力・判断力・表現力の育成

音や音楽は目に見えないからこそ、それらをどのような視点で捉えて、どのように視覚化や言語化し、思考・判断・表現するかが大事になります。授業においては、自分のものさしだけではなく、他者との関わりにおいて多様な感じ方、考え方に触れることで、自分の音楽的な「見方・考え方」が更新されていき、音楽とより豊かに関われるようになると考えます。

近年の研究から、音楽の授業におけるコミュニケーションはマルチモーダルであることが明らかにされてきました。マルチモーダルなコミュニケーションとは、発話、音、身振り、表情等、複数の方法を同時並行的に組み合わせ、言語の代わりとなるような身振りが用いられたり、言語と身振りを共起させたりと、相互に複雑なコミュニケーションのことです。他者とのマルチモーダルな関わりを意識した音楽活動を幅広く経験させることで、音楽活動におけるコミュニケーション力が育つと同時に、表現の引き出しを増やし、音楽の捉えを豊かにしていきます。それが、音楽場面以外でも、対象をどのように捉えて思考・判断・表現するかを追究していく姿につながると考えます。

本実践では、子供が音楽の特徴に着目して身体表現を考えることによって、

体の動きには音楽の持つリズムが関係していることや、音楽を聴覚だけでなく、諸感覚を統合して聴く聴き方ができることを知り、より豊かに鑑賞できるようになると考えました。グループで意見を交流させることを通して、同じ音楽に対する他者の感じ方や考え方に触れ、自分の音楽の捉えを更新させていくことによって、子供が音楽との関わりを「深める」ことを期待しました。

③ 実践

(1)「音楽の特徴」を身体で表現する場面

本実践では、マルチモーダルなコミュニケーションという視点から「聴く、見る、書く、話す、動く」を関連付けながら、音楽の特徴を捉えることを意識しました。

子供たちが音楽に合わせて身体表現をするとき、特に歌のように歌詞を伴う場合、歌詞の言葉の一語一句に動きをつけようとするので動きが煩雑になりやすく、不自然な身体表現になりがちです。そこで今回は、あえて英語の歌詞で曲を聴くことによって、言葉の意味に過度に影響されずに音楽を聴けると考えました。

まず、英語の歌詞で曲を聴いて音楽の特徴を分析し、ワークシートにまとめました。次に、「動きをつけるときに大事なことは何だろう？」と子供たちに問い、「歌詞」「リズムや音高などの音楽の特徴」という意見が出たので、ワークシートにまとめた音楽の特徴を集約し、それぞれの曲のどのようなところに表されているか、楽譜に書き込みました。楽譜に書き込む際には、日本語訳の字幕付き動画を視聴し、音楽と楽譜を対応させやすくしました。身体表現をする際には歌詞の意味を理解する必要もありますので、歌詞付きの動画を見ながら、聴きながら、動きを考える形にしました。「歌詞」と「音楽の特徴」を行

音楽

き来しながら動きを考えるイメージです。

　身体表現をする際は、音楽の特徴の中でも特に「フレーズ」のまとまりと同じ旋律やリズムの「反復」を意識させました。歌詞の言葉ではなく、旋律の動きから音楽のまとまりを捉えてほしかったからです。その結果、従来陥りがちだった言葉の意味を体で表現するような身体表現ではなく、小節や拍を数えて動きをつけていくといった音楽のまとまりを意識したつくり方が多く見られました。

こえる学びの姿
　　グループで楽譜を見合いながら、フレーズの切り替わりや小節、拍を意識して動きを考えていました。楽譜と聞こえてくる音楽とを行き来しながら、話し合い、表現し合う様子が見られました。

(2) 自己評価の変容の場面

 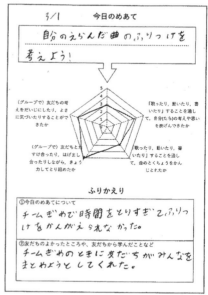

音楽との関わりを広げるためには音楽をより多面的に捉えることが必要です。従来の音楽の授業では、授業ごとに「めあて（音楽的課題）」を決め、授業後に「振り返り」をするのが通例ですが、例えば、グループや全体で合奏をする場合、自分の出来ばえや課題ばかりに目が行き、友達と合わせることや、全体での演奏がどうだったかというところまで、振り返りの視点を持てない子も一定数います。本実践では、振り返りの際に、他者との関わりにおける学びがどうであったかという視点（友達のよかったところや、友達から学んだことなど）を取り入れたことによって、これまでは「（自分が）できなかった」だけで終わっていたところが、友達のよさや頑張っているところを見つけたり、友達と取り組んでどうだったかという視点で振り返ったりする言葉が見られるようになりました。

こえる学びの姿

振り返りに他者との関わりにおける学びの視点を取り入れたことによって、「自分ができたか」だけでなく、「友達のよさ」や、「友達との関わりにおける学び」を自覚する言葉が、子供たちの記述や発言から見られるようになりました。

④ 「こえる学びの拡張」につながる子供の姿

授業をこえた課題解決に向けて取り組もうとする姿には次のようなものがありました。子供たちは、使用した教材曲について、音楽の流れを物語の展開と結び付けて分析したり、歌詞の内容が表す状況を、既に知っている英単語や自身の生活経験と関連付けて理解しようとしたりしていました。これは、国語や英語での学びと関連付けて、音楽との関係を広げている姿であるといえます。

授業を実施したクラスの中には係活動で「演劇係」があり、演劇係での活動と今回の授業での身体表現を結び付けて考えたり話し合いをしたりする姿が見られました。今後は、学校行事などの特別活動や学校外で表現する活動の場においても、今回の活動での取り組みを生かして、音楽と動きの関係を考えながら表現していく姿を期待します。

音楽

<table>
<tr><td>図画工作科
第2学年</td></tr>
</table>

「名画でお話をつくろう」

鑑賞の能力を働かせて
お話をつくる学習

守屋　建

国語の「お話のさくしゃに
なろう」の単元と関連させ
て、西洋絵画を使っての鑑賞
活動からお話をつくる活動を
行いました。子供たちにとっ
て日常的な鑑賞活動はとても
大切なことです。学級では

Teams を活用して自分たちの作品の相互鑑賞を行ったり、朝鑑賞の時間
に美術作品に親しませたりしてきました。そして本時では複数枚の西洋絵
画の作品から4枚選んで、パワーポイントを使って並べたり、文章を書
き込んだりしてお話をつくりました。西洋絵画を細部まで見たり、描かれ
た身体ポーズから想像を膨らませたりすることで、お話づくりが進んでい
きました。

① 「こえる学び」と「こえる学びの拡張」

　図画工作科では「こえる学び」を垂直思考の「超える学び」と水平思考の
「越える学び」の両方から考えています。知識・技能を深めていくための「超
える学び」と、発想を広げていくための「越える学び」との、それらの題材を
カリキュラムデザインしながら、題材を通して子供たちが資質・能力の獲得を
していくようにしています。図画工作科は表現活動を通じて自分をつくる時間
であると言われています。そのために豊かな体験の場としての学習環境を提供
することを一つの教師の役割として、図画工作科での「こえる学び」を「表現
者としてのよりよい自分をつくっていくこと」とし、こえる学びの実現を図り

ます。図画工作科では「没頭」「実践」「往還」を以下のように考えています。

> 没頭：意欲をもって材料などのモノや作品などの対象に関わっていく。
> 実践：自分の発想を形にするために、工夫をして表していく。
> 往還：自他との関り合いや、異なるモノやコトをつなげて発想を膨らませていく。

　本実践では絵画に対して親しみをもつことで、自分の周囲のモノに対する見方を増やした鑑賞者となることを目指します。そして、「こえる学びの拡張」として本実践での学びが、子供にとっての生活を豊かにしていくための作品の見方を増やしていくことを目指しています。作品には歴史的背景や文化的背景があること、作品には意味が込められていること、見方や解釈は人それぞれであることなどについて鑑賞を通じて学び、社会へ自律的に関わっていくことの土壌となっていくことを目指し学習環境をデザインしました。それらの土壌を培っていくために豊かな対話などの体験を通じた鑑賞活動を数多く行っていくことで、将来的に子供たちが、表現の意味や世界への関わりなど、表現をするということはどういうことかを知ることにつながります。

② 「こえる学びの拡張」を視野に入れた学習環境デザイン

(1) 西洋絵画を鑑賞することから発想を膨らませる

　本実践は複数枚の絵画から4枚選び、それを見ながら、並べ替え、想像した物語を言葉にして表していく活動です。西洋絵画をよく見て鑑賞をしていくことから描かれたものに気付き、お話に生かしていきました。4コマ漫画のような、はじめ、中（中①、中②）おわりという物語の展開は子供たちが構成をするための土台になっていました。子供たちは絵画の意外な活用や展開などで面白い作品をつくり、友達に発表

しようという気持ちが生まれ、人物像のポーズや持っている物を深く見て想像をしていったり、お話にする絵画と絵画のあいだを想像して埋めていったりしていきました。ただ名画を見るのではなく、お話にしようという目的意識が、隅々まで見るという鑑賞の能力を働かせます。絵画と絵画をつなげるという活動内容から、絵画と絵画を比較したり、関連を見出したりする思考の働きも見られました。ただ絵画を見るのではなく、このような思考の操作や体験を伴う鑑賞を子供たちの実態に合わせて行うことが「こえる学びの拡張」につながります。

（2）教科・領域の横断と、友達との学び

　国語の「お話のさくしゃになろう」の単元と横断して行っています。絵画に描かれた人物像や背景に描かれているものなどを細かく見ていくことや、絵と絵とのつながりを想像で埋めていくことなどは、お話に使うための言葉を引き出していくことにもなりました。適切な言葉が見つからない子は、友達に相談して、気付くこともありました。言語化することが目的であるわけではなく、言語活動が充実していくことにより、子供の見方や感じ方が変わっていくことが大切です。各教科との連携ではそれぞれの活動が絡み合うことで互いの目標を活性化するよう学習環境を整える必要があります。

　パワーポイントの扱い方については、子供同士で学び合うことから活用方法を覚えていった姿が多く見られました。使い慣れている子や、学級の中の「タブレットお助け係」が率先して困りごとの多くを解決していきました。そこでも助け合いながら友達の活動を見合うことで、発想を膨らませたり、新しい方法を覚えていったりします。そ

して、そこからさらに自分の製作に活かしていくという姿が、他者の異なる発想を取り入れていく学びの姿になっていました。子供たちには、使用した絵画の鑑賞、つなげた自分のお話作品の鑑賞、友達のお話作品の

鑑賞と、多くの鑑賞が生まれ、それらが思考としてつながり合っていき、また自分のお話づくりに生きていきました。本題材の最後には発表の時間を設定し、友達のつくった物語を聞き、互いの発想を楽しみました。ICTを扱うことで鑑賞の活動が活性化する事例は多くあります。作品実物の鑑賞ができなくても、ICTを活用することで、これまでより鑑賞の効果を深めていくことが期待できます。

3　実践

（1）実践の概要

本題材で準備したものは、クロード・モネ、エドガー・ドガ、ヨハネス・フェルメールなど9種類の絵画作品で、お話づくりがしやすいように、子供のいる絵や女性の絵など、つながりを作りやすいものを選んだり、子供が絵の中に共通項を見出したりしやすいものにしています。こういった西洋絵画の作品は、場所

や時代をこえた異文化を知ることにもつながっていきます。朝学習の時間でも、美術作品を鑑賞し、対話型の鑑賞を進めてきました。美術作品への親しみをもつことと、美術作品を前にして自由に自分の考えを言えるようにする継続した取り組みの効果はありました。このような鑑賞体験は知識として他の学習にも活かされていきます。

本題材はパワーポイントを使って活動する子供たちが多かったのですが、造形遊びと本質は同じであると考えています。つくり、つくりかえ、つくるという造形遊びで大切にされているサイクルは、パワーポイントを使用してお話の順序を変えたり、文章を変えていったりする子供たちの思考と同様のものでした。

（2）自由に解釈していいという気持ちが発想を膨らませる

本学級の子供たちはモジュールの時間を使って朝鑑賞を行うことで芸術作品の鑑賞に親しんでいました。そのため、子供たちは絵画作品を自由に解釈する

ことに慣れていて積極的に活動が進んでいきました。子供たちは色彩から生じている絵画の雰囲気まで感じ取り、自分のお話に取り入れています。また、背景に描かれているものや細部にも着目して自分のお話を面白く脚色する方法を考えていました。自由な解釈を発言してもよいという雰囲気が、子供たちの発想を広げます。子供が絵画を解釈することで、自分の力で絵画に新しい意味を見出します。これから社会的背景や歴史的文脈も学んでいきます。事実と解釈を相互に関連させながら、美術作品の鑑賞は人生の中で続いていきます。本実践はそのための美術作品と向かい合うための一つの体験として子供の生き方に関わってきます。

▷ こえる学びの姿

　西洋絵画に興味をもち、教師に描いた作者のことや描かれた理由、当時の社会の様子を質問したり、自主学習で調べたりしてくる子供が出てきました。異文化に対する興味の深まりが生じました。

　実際に子供の製作した作品の一部です。子供によって、描かれている人物を主人公にしたり、その人物を見ている設定にしたり、解釈や扱い方が異なります。それらを相互鑑賞することで、自分と友達との解釈の違いを意識します。

　文章を作るのは苦手ですが、絵画作品の解釈を通じて物語をつくることができるようになった子、絵画と絵画のあいだを想像で埋め、発想を広げている子など、自分にとっての「こえる学び」を得ています。また、教師はそれらを見取り、次の活動に生かすというサイクルが生まれてきます。

絵画から自分なりの解釈でお話をつくる過程で言語活動と想像する行為が絡んでいきました。絵から多くの言葉を引き出し、物語をつくることができた子、想像を深められた子など子供によって異なる「こえる学び」が見られました。

4　「こえる学びの拡張」につながる子供の姿

子供たちがつくった作品の発表をしたとき、それぞれの作品の面白さを楽しむと同時に、同じ西洋絵画でも見る人やお話の流れによって意味が変わってくるという、互いの解釈の違いも楽しんでいるようでした。お互いの見方や感じ方に違いが生じることを理解す

るということは、多様性の理解へとつながります。身近な友達という他者理解と、西洋絵画の鑑賞による多文化や異文化の理解とは根底でつながっているということを、子供たちはこれから世界が広がっていく成長の過程においても結びつけていくことになるでしょう。そしてそれが、子供たちの生き方にも影響を及ぼしていきます。

今回2年生で行った本実践は、自己の生き方を見つめる基盤にもなるでしょう。本実践の「こえる学び」として、子供たちからはそのような互いの違いを知る発言や、異文化に対する驚きの歓声などが多く聞こえてきました。そして絵画作品への見方が、「こえる学びの拡張」として、作品に込められた作者の意図を読むことや、作品の文化的背景を推察することなどにつながっていきます。社会や理科などの他の教科・領域で獲得してきた資質・能力とも、こえてつながることで子供たちの見方が広がるのでしょう。

「快適空間スペシャリストへの道」

「快適な住まい」を通して
価値観を拡げていく学習

西岡　里奈

　「『快適な住まい』とは？」と問われたとき、どのようなことを考えるでしょうか。清潔であること、家具や家電があることなど、人によって快適な住まいの捉え方には違いがあります。

　この授業では、子供たちが「快適な住まい」とは、どのようなものかを考え、自分で快適にしたい場所を決めて課題解決に向けて実践していきます。実践を通して快適にする方法を身に付けるとともに、自分とは違う考えや価値観があることに気付いて、周りの人々と関わりながら家庭生活を考えられるようになることを目指しています。

1　「こえる学び」と「こえる学びの拡張」

　生活をよりよくしていくためには、子供たちが学習したことを自分の生活に置き換え、創意工夫を行っていくことが重要です。このような中で、家庭科における「こえる学び」とは、「今までの生活経験や学習内容を自分事として考え、学習した資質・能力を活用してよりよい選択をして家庭生活のなかで実践していけること」と捉え、「没頭」「実践」「往還」を以下に整理しました。

没頭：生活の中から見出した課題に対して、主体的に解決しようとする。
実践：既習事項や学習から得た知識および技能を、日常生活に生かそうとする。
往還：他者や対象と自分を比較して考え、自分事として還元しようとする。

そして、「こえる学びの拡張」とは、自分だけでなく様々な立場から生活事象を捉えて拡げていくことと考えます。「拡げていく」を具体的に考えると、他者への拡張や場の拡張があげられます。子供が自分の生活を当たり前だと思うのではなく、実践することで他者の生活と比べたり、自分の考えを友達と共有していったりすることで、個から集団に拡張していくことが大切です。また、学習している内容を授業の時間の中だけで活用していくのではなく、各教科や授業から家庭、家庭から社会と拡げていくことも大切です。実践していく中で、自分の身の回りだけでなく、家族の立場になって考えたり、自分の行動が社会にどのような影響を与えているかなどを吟味したりと、子供たちが視点を拡げていけるようにしていきたいです。

そのため、本実践における「こえる学び」とは、自分の生活を見つめて快適にしたい場所を見出し、「快適な住まい」になるように生活経験や家庭科での学びを活用して実践していくこととします。そして、「こえる学びの拡張」とは、その場をきれいにするための方法を追究するだけでなく、快適空間にするために、そこを使用する人や環境への配慮などその場所を取り巻く状況も含めて主体的に考えて清掃の仕方を工夫し、実践していくこととします。そのためには、子供自身が学習での自分の立ち位置を理解して客観的に振り返れるようになることと、自分の考えだけでなく周りのことも考えて視野を広げて清掃の仕方を捉えられるようにしていきます。

② 「こえる学びの拡張」を視野に入れた学習環境デザイン

（1）学びの可視化

子供たちの学びを可視化し、学習の履歴を明らかにして客観的に振り返れるようにするために、本実践では1枚ポートフォリオ評価（OPPA：One Page Portfolio Assessment）を用いました。OPPAとは、「教師のねらいとする授業の成果を、学習者が1枚の用紙の中に学習前・中・後の履歴として記録し、その全体を学習者自身が自己評価する方法」（堀哲夫、2013）です。本実践では1枚のワークシート（OPPシート）に「題材名」「授業前後の本質的な問い」「学習履歴」「学習後の自己評価」の4つを記述し、このシートを見直すことで、題材を通しての考えの変化や学習の自己評価を明らかにすることができる

ようにしています。

※堀哲夫「一枚ポートフォリオ評価 OPPA：教育評価の本質を問う：一枚の
　用紙の可能性」東洋館出版社，2013.

（2）多様な価値との出会い

　家庭科では、子供たちがよりよい家庭生活を営めるように、小学校学習指導
要領（平成29年度告示）解説家庭編では「A　家族・家庭生活」「B　衣食住
の生活」「C　消費生活・環境」の3領域にわたって内容が示されています。
しかし、子供たちの日々の生活は多様であり、このような領域に明確に区切ら
れているものではありません。また、日々の衣食住を考える際にも、一人一人
の家族構成や生活環境などを加味して考えていかないと実生活へつながってい
るとは言えません。そこで、本実践では住まいの清掃の仕方を学習するだけで
なく、子供たちが多様な立場から「快適な住まい」を考えて、視点を広げてい
けるようにするため、他領域との関連を図って題材を構成していきます。多様
な価値に出会えるようにするための学習環境デザインとして、絵本を活用して
いきます。絵本は、住構造、環境、家族、地域社会との関わりなどを含むもの
を選出しました。使用した絵本は以下の4冊です。

　　①「こんな家にすんでたら　世界の家の絵本」ジャイルズ・ラロッシュ　千
　　　葉茂樹訳　偕成社
　　②「あなたのいえ　わたしのいえ」加古里子　福音館書店
　　③「おんぶは　こりごり」アンソニー・ブラウン　藤本朝巳訳　平凡社
　　④「バーバパパのいえさがし　バーバパパえほん②」アネット・チゾン　タ
　　　ラス・テイラー　山下明生訳　講談社

3　実践

（1）自分と他者を比べる

　「快適な住まい」と一言で言っても、子供たちがイメージするものは様々で
す。題材の学習前後での考えの変化を子供たちが比較しやすくするために、学
習前の自分たちが考える「快適な住まいとは」をOPPシートに記入しまし
た。そして、自分が考える「快適な住まい」と絵本や家族のインタビューから

読み取った「快適な住まい」を比べて違いを吟味し、快適空間にするために大切なことを考えました。

T：快適な住まいとは、どのようなものだと思いますか？

C：風通しがいい。

C：Wi-Fi やネット環境が整っている。

C：きれいで物が片付いている。

　（さらに視点を広げるために、絵本を読んだり家族へインタビューをしたりして）

C：安全に生活できることも大事だと思う。

C：自分は快適でも「快適ではない」と思っている家族がいたら、良くないと思う。

C：みんなで助け合って生活することも必要。

C：自分だけではなくて、エコも考えなくてはいけない。SDGs だよ。

C：家族へインタビューをしてみて、僕は自分のことだけを考えていたけど、家の人は、家族みんなのことを考えていたことが分かった。

T：では、これから快適空間にするための実践で、どのようなことを意識していきたいですか。

C：まずは、汚れていなくてきれいにすることが必要だと思う。

C：自分だけでなく、そこを使っている人みんなが快適に感じることも大事。

C：環境のことも考えなくては、エコじゃない。

▷ **こえる学びの姿**

　「快適な住まい」を物理的な物や見た目で考えていた子供たちも、家族や絵本、友達の意見から、自分とは違う考えもあることを理解して、それも踏まえて実践へ生かしていこうとする姿が見られました。

（2）実践から新たな気付きへ

　自分たちで快適にしたい場所を考えて実践を行い、PowerPoint を使ってポスターにまとめました。実践を行った場所としては、学校内の教室・図書室・

家庭科室、家庭では、リビング・洗面所・玄関などがありました。

C：リビングの本棚は弟がよく使っていることが分かったから、インタビューをして、弟が使いやすいようにしよう。

C：Aさんがもう着ない服を使って掃除をしていたから、私もそうしてみよう。

C：床にこびりついた汚れをほうきや雑巾で掃除をしたけれど落ちなかったから、別の方法を考えなくちゃ。

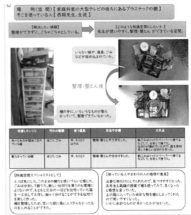

（3）子供の題材を通しての振り返り（OPPシートの記述）から

・学習前は自分の理想の住まいで、到底無理なことを書いていましたが、学習を通してそのようなことがすべてかなえられなくても、快適な暮らしができることを知りました。

・以前は「こういうふうに暮らしたいな」という理想ばかり書いていたが、学習後には「こんな工夫をすればもっと良くなる」や「周りの人はどう思うか」など、どのように工夫すれば、より快適に住むことができるかを考えるようになれた。

こえる学びの姿

　価値観の拡がりから考えたことを、具体的な行動へと移して実践する姿が見られました。また、「快適な住まい」という題材を通しての問いに対する学習前後の自分の考えを比較して、自己の変化を振り返ることができました。

4 「こえる学びの拡張」につながる子供の姿

本実践を通して、子供たちは「快適な住まい」にするために、汚れを落とすだけでなく、他者との関わりや環境への配慮など周りのことまで考えて実践することができました。友達や周りの人との関わりで学んだことを自分事として捉えて実践に生かす姿は、まさに「こえる学びの拡張」につながったと考えます。

また、多様な価値観があることに気付いて、学習後に自分の変化を客観的に捉えられるようになった点も、

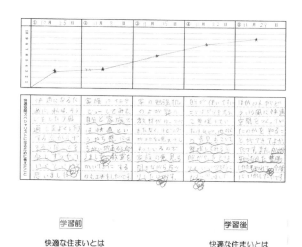

学習前
快適な住まいとは

学習後
快適な住まいとは

「こえる学びの拡張」につながる姿であったといえます。

※本授業は、東京学芸大学　令和3年度「学習指導要領，幼稚園教育要領及び教科書に関する研究プロジェクト」『家庭科における他領域との関連および小中高等学校での学習の積み重ねとなる教材開発：新学習指導要領・教科書への対応』の一環として行った。

家庭

「リングシュートゲーム」

運動の面白さを追究する学習

隈部　文

体育科では、生涯にわたって健康を保持増進し、豊かなスポーツライフを実現することを教科の大きな目標の一つにしています。その中でも、ボール運動系領域は集団対集団の攻防を仲間と力を合わせて競争し楽しさや面白さを味わうことができます。本実践は、「的と自分の世界を楽しむことができる」「相手をかわしてシュートが入るか入らないかが楽しい」という2つの運動の面白さを味わうことをねらいとした学習です。最初、子供たちにシンプルなゲームの規則を提示し、そこからみんなが楽しめるゲームを考えていきます。「みんなが楽しめるゲームとは？」「ゲームに勝つためには、どうしたらよいのか？」を考えていくことで、協働する力や問題解決力を高めることを目指します。

1　「こえる学び」と「こえる学びの拡張」

　本実践における「こえる学び」は、学習課題の「みんなが楽しめるゲームにしていくこと」と「ゲームに勝つために作戦を考えていくこと」を没頭・実践・往還を繰り返しながら解決していく姿です。授業では、ゲームとゲームの振り返りの学習の中で、みんなで考えた規則や方法が有効なのかゲームで試してみます。次に、試してみてどうだったのかを振り返り、共有します。また、自分で見つけた新たな解決方法を友達に伝えたり、友達の考えた動きを取り入

れてみたりすることで、次時のゲームに生かす姿を期待しています。

　また、本実践は、「こえる学びの拡張」につなげていくために次の資質・能力の育成を図ります。

〈課題解決力〉

ゲームに勝つためによりよいチームへと変わろうと試行錯誤する姿

〈問題解決力〉

みんなが楽しくゲームができるように、学級全体が楽しくなるように規則を工夫する姿

2 「こえる学びの拡張」を視野に入れた学習環境デザイン

(1) 中学年のゴール型ゲームにつながるボールゲームの開発

　本実践は、中学年のゴール型ゲームにもつながるボールゲームとして授業者が開発した「リングシュートゲーム」を題材としました。これは低学年のターゲット型のボールゲームを応用し、パスやキャッチの技能も必要としない、2チーム対抗のシュートゲームです。また、子供たちが今もっている力で、十分に楽しんで活動することができるようにシンプルなゲームを提示し、低学年でも楽しめるようにしました。

○はじめの規則（児童に提示したもの）

攻め→守りをかわしてリングの中にシュートを入れたら2点。シュートを
　　　入れた人が宝箱に得点を入れる。

守り→円の中に入ってシュートの邪魔をする。

　この「リングシュートゲーム」で、個々にボールを的に当てる楽しさだけでなく、チームとしてより多くのシュートを入れる作戦や相手チームにシュートを入れさせない作戦を立てて対戦する楽しさも味わわせることができると考えました。さらに、運動が得意な子供も運動が得意ではない子供もみんなが楽しめるように、規則を変えていくことを通して、自分たちでもっとゲームを楽しくしていく姿を期待しています。

（2）協働的に学ぶための対話を重視した授業展開

　本実践では子供たちが主体となって学習課題を解決していくことを目指し、対話を重視した授業展開を学習環境として設定しました。一つは、ゲームをした後、必ず振り返りをする時間を確保します。はじめは、全体で振り返りを行いますが、徐々にチームで振り返りができるようにし、それがチームでの作戦会議となることを目指します。もう一つは、子供が解決をしたいと思っている学習課題について、授業者がゲーム中の子供たちの動きや発言およびチームごとの振り返りを適切に見取り、課題を把握しておくことが重要です。その上で、全体で振り返りをする際には、授業者がファシリテーターとなり、子供が解決したいと思っていることを学習課題として、対話をしながら合意形成を図っていけるようにします。例えば、子供たちの話し合いが得点を取ることばかりになっていたら、守り方にも目を向けさせるように言葉かけをしていきます。このような全体の振り返りの学習は、子供たちだけでチームの学習課題を話し合い、解決できるようにすることで、よりよい姿へ自分たちで変わろうとする力を培うことにつながっていくと考えます。

③　実践

（1）批判的思考力を働かせながら試行錯誤する学び

> 　第1時の振り返りを紹介し、規則の確認ができたことや困ったこと、もっとゲームを楽しくしたいとの願いから、第2時の学習課題を「みんなが楽しめるゲームにしよう」と設定しました。

〈第2時　ゲーム①の振り返りの場面〉

　T：（ゲーム①を振り返ってみて）ゲームをやってみてどうでしたか？

C1：楽しかった。

　T：もっと楽しくできそうなことあった？

C2：う～ん。

　T：困ったことはあった？

C3：ゴールを守るときにネットの下から手を出している人がいた。

T ：（実際にネットの下から手を出してみて）これって楽しい？

C4：楽しくない。

T ：ゴールに触っていいんだっけ？

C5：だめ。

T ：ゴールの近くに顔があるのも危ないから触らずに手を上げて守ることが
　　できるといいね。じゃあネットの所から手を出すのは？

C6：なし。

T ：あとはある？

C7：リングに当たっちゃって跳ね返っちゃった。

T ：もうちょっとで入るおしいシュートなんだね。そうなったときおしいな
　　と思っているから、得点にしてあげるとか。

C8：1点！

C9：あ～いいね。

C10：入ったら2点だから入ってないから1点。

T ：それでやってみてうまく入らない人はまずはリングをねらってみるといいね。

C11：面白そう。

→このあとゲーム②を行いました。

〈第2時にみんなが楽しめるように変えた規則〉

・リングに当たったら1点。（得点しやすくした方が楽しい）

・1人少ないチームはプラス6点。（人数差を考慮）

・同じ人をずっと守ることはしない。（全員が得点しやすくなるように）

・リングの中から手を入れて防ぐことはしない。（得点しやすくなるよう
　に＋安全面を考慮）

〈第2時を終えた後の学習感想〉

リングに当たって、いっぱい1点入れられて嬉しかったです。これからも1点も2点もいっぱい入れたいです。	私が変えた規則は「同じ人を何回もねらわないで時々違う人をねらう」というのです。

全体の振り返りで、子供たちが規則を変えることになったとき、次時の
ゲームで試しながら本当に楽しくなるのか吟味しました。その際に自分の
ことだけでなく、友達のことも考えて発言をする姿がありました。ゲーム
をやってみる→やってみてどうだったか振り返ることで、子供たちはそれ
までのゲームと新たな規則でのゲームとを比較し、学級のみんなにとって
面白くなるゲームにしていました。

（2）ゲームに勝つためによりよいチームへと変わろうと協働する学び

左の写真は第6時の桃色チームの
ゲームの様子です。2人で声を掛け
合ってタイミングを合わせ、1番の子
供が守りを引き付け、2番の女の子が
ノーマークでシュートすることができ
ました。

〈桃チームの感想〉

・友達がフェイントしている間に
入れる作戦を使ってみました。
・ぼくが相手を引き寄せて入れま
した。
・○○君が引き付けている間に入
れる作戦を使ってみました。

〈桃チームで第3〜5時で出た作戦〉

第3時－守りの時にバナナと言っ
てラインの周りを守る。
第4時－ボールと言ったらみんな
で一斉に投げる。
第5時－みんなで散らばって投げる。

4 「こえる学びの拡張」につながる子供の姿

　第3時の学習課題は「守り方を考えよう」でした。攻めが優位でなかなか
シュートを止められないという子供の思いから設定しました。学級全体で守り
方や守る位置について振り返りで出たことを共有しました。それでも点が入っ
てしまうため、円の外に出て守ってもいいように規則を変えるかゴールの高さ
を変えてみるか提案してみました。すると子供たちはゴールの高さを変えたい
という発言をしました。理由を尋ねてみると、「シュートが難しくなった方が
より面白くなる」「攻めが優位なので、ゴールに入りにくくした方が、より面
白くなる」と答えました。子供たちは、ゲームの規則を難しくしていくことで
更にこのゲームが楽しくなるように考えていました。ゲームに勝つことにこだ
わるのではなく、攻守のバランスを同じようにすることがこのゲームをより面
白くすることにつながると追究していきました。このように、ゲームをもっと
面白くしたいという思いから自分たちで変えていける経験が、子供たちの自信
となりました。その後、一緒に関わる友達が楽しくなるように規則を変えて遊
ぶ姿が、体育の他の領域や休み時間の遊びの時にも見られました。

「体つくり運動　用具を操作する運動遊び」

短縄・長縄遊びの面白さを追究する学習

佐々木 賢治

　個人で行う短縄とびは、簡単な用具で実施できる、狭い場所でも実施できる、色々な種類の跳び方がある等の利点から、学校体育以外でも多く実施されています。

　本実践では、「用具を操作する運動遊び」として短縄・長縄を使った運動遊びに取り組みました。個人で行う短縄とびと集団で行う長縄とびでは、運動の楽しみ方が変わってきます。短縄とびでは、技術の向上が見られな  いとなかなか楽しめないこともあります。そこで、人数や条件を変えたり、長縄を使った運動遊びを織り交ぜたりすることによって、みんなで取り組む「なわとび運動」の面白さを味わうことができるようにしていきたいと考えました。

1　「こえる学び」と「こえる学びの拡張」

体育科では、「こえる学び」を次のように捉えて研究を進めています。

> 没頭：運動そのものに夢中で取り組み、その運動固有の面白さの追究に没頭する姿
> 実践：運動に主体的に取り組む中で、他者と比較しながら自身の姿を見つめ直し、学びを更新していく姿
> 往還：学習課題について、既習を活かしながら自己・他者・運動を往還させて振り返り、学びを創造する姿

本実践における「こえる学び」とは、「色々ななわとび遊びを通して、運動がより好きになる」ことと捉えました。運動に没頭・実践する中で自分なりに動きを追究したり、仲間と共に高め合ったりしていく姿を期待します。「こんなことができるかな？」と発問することで、子供たちの挑戦意欲をくすぐり、友達と試行錯誤しながら楽しく運動に参加できるようにしたいと考えました。「こえる学びの拡張」としては、仲間と共に「運動がより好きになること」を更新し、互いに高め合う価値に気付く「協働する力」や「問題解決の力」が高まった姿を期待しています。

② 「こえる学びの拡張」を視野に入れた学習環境デザイン

（1）なわとびの面白さを追究する

なわとび運動は、手で縄を回し、タイミングよくジャンプする動作をリズムよく繰り返すことで、自分の手足の動きや力の加減をコントロールする力を身に付けることができます。また、自分の体を「こんなふうに動かしたい」と意図的な身体操作を学ばせることができる教材です。

短縄・長縄とびの面白さを一言で言えば、「縄に引っかからないように身体を操作すること」と言えるでしょう。動きの中で体が感じる心地よさや気持ちよさ、思った通りに体を動かせるようになった感覚が面白さの要因となると考えます。個人で挑戦する短縄とびでは、できない技を克服したときの達成感が新しい跳び方に対するチャレンジにつながります。一方で、できなくても粘り強く取り組めるかといった個人差の壁が立ちはだかってきます。技のバリエーションを広げるだけでなく、今できる技の洗練化にも目を向けさせることで、「できるか、できないか」の運動遊びの面白さを味わわせていきます。また、人数や回数、姿勢や方向などに変化を加え、面白さが広がるように活動を工夫していくことで、「やってみたい」を引き出していきます。1人から2人、2人から3人と仲間が増えれば、そこに関わり合いが生じ、動きや遊びがさらに発展していきます。仲間と共に動きの面白さを味わい、夢中になって取り組む姿が持続するような学習を展開していきたいと考えました。

（2）学習環境デザインのコンセプト「こんな運動遊びってできるかな」

　授業の中で、運動の技能だけでなく様々な「できる」を認めて自尊心を高め、全員が「運動が好き、体育が楽しい」という気持ちをつくっていきたいものです。また、児童の挑戦意欲を育むことも大切です。「やってみたい」と挑戦したくなる雰囲気と場をつくり、友達と関わる場面が多く発現するような「仕掛け」を用意していきます。その中で、「できるようになった」喜びが「運動が好き、体育が楽しい」の気持ちにつながっていくと考えました。

③　実践

（1）単元開始前

　単元前にこれまでの児童一人一人の「なわとびカード」から進級の取組状況を把握しました。昨年度から体育の時間だけでなく、休み時間にも短縄遊びに夢中になって取り組む子供も見られ、関心・意欲や技能面に大きな差が見られることが明らかになりました。また、腕交差系（前後あや跳び・前後交差跳び）になると達成者が減っていることから、技の習得やバリエーションを広げていくことだけでなく、今できる技の洗練化にも目を向けさせることで「できるか、できないか」の面白さを味わわせていくこととしました。

（2）第1時の様子

　第1時では、はじめに学習の流れを提示し、短縄を使った準備運動、動きづくりを行いました。

・片手縄回し（タイヤ）→（ヘリコプター）

・縄をまたいだ前後跳び→左右跳び

・10秒間早跳び（前回し）

・「決めポーズできるかな？」：第1時はV字ポーズ

　つぎに2人組、3人組で見合い、教え合いながら、自分のめあてに沿って短縄の技に取り組ませました。そして、どんなことができるようになったのか、何が難しいのかをみんなで共有しました。動きの感じをオノマトペで表した

り、コツを言葉にして交換したりすることで、自然発生する課題をみんなで解決するように仕掛けました。

(3) 第2・3時の様子

　短縄の技についてなかなか自分のめあてを設定できず、活動が停滞している子が見られ始めました。新しい技に挑戦したくてもうまくいかない、どんな技に挑戦したらよいのか分からないので、先生が挑戦課題を示した方がやる気が出ると子供たちがリクエストしてきました。これまで使っていたなわとびカードは、すでに全てクリアした子が数名いたため、別の手立てが必要になってきたのです。

(4) 第4時の様子

　「できるかなビンゴ」を作成して子供たちに提示し、仲間と一緒に挑戦してみるよう仕掛けてみました。1人技ビンゴ、2人技ビンゴ表を見ながら、「できた」「リーチだ」と次々に課題に取り組む姿が見られました。1人でクリアできない場合、2人、3人で挑戦してもよいとしたところ、必然的に教え合いが発生するようになったのです。

2人で　できるかなビンゴ

1本のなわで よこ入り前とび（5回） 向かい合わせ	2本のなわで よこならび前とび（5回）	1本のなわで 前ならび前とび（5回）
1本のなわで よこ回し前とびから よこならび前とび（5回）	1本のなわで 向かい合わせ前とび（5回）	1本のなわで よこ回し前とび（5回）
1本のなわで よこならび前とび（5回）	2本のなわで よこならび後ろとび（5回）	1本のなわで よこ入り前とび（5回） まえならび

長なわで　できるかなビンゴ

かぶりなわで0字とび	かぶりなわで0字とび	かぶりなわをとおりぬけろ
一人ずつ入りとび	大なみをとおりぬけ	みんなとび（10回）
むかえなわをとおりぬけろ	かぶりなわで れんぞく8の字とび	むかえなわで0字とび

（5）第5・6時の様子

　実践の後半は、グループで長縄を使った運動遊びに取り組みました。「長縄でできるかなビンゴ」の表を見ながら挑戦したい課題を選び、クリアしたら次の課題に取り組む姿が見られました。しかし、みんなでできるようになったことや困っていることを共有する場面では、それぞれ取り組んでいるものが違うので「なるほど」の共感があまり表出しませんでした。長縄を使った運動遊びでは、共通技として同じ課題に取り組むような学習デザインも今後視野に入れておきたいものです。

　授業の前半では、短縄遊びの面白さの追究、後半では、長縄遊びの面白さの追究に取り組みました。授業の中で2つの課題に取り組んだことで、前半の短縄遊びを「もっとやりたい」と感じていた子にとっては、意欲がそがれることとなったかもしれません。それでも、短縄や長縄の運動遊びに没頭する中で、子供たちがどんどん自分たちの新しい技を創り出していく姿が数多く見られました。

こえる学びの姿

　2人跳び、3人跳びまでしか挑戦してこなかった子供たち。「もっと人数を増やしてもできるかもしれないよ」と5人跳びに挑戦を始めました。なかなかタイミングがとれませんでしたが、粘り強く取り組んでいく中で、「イチ、ニイ、サン、シ、ゴ」と5回の連続跳びに成功しました。

④　「こえる学びの拡張」につながる子供の姿

　子供の「こえる学び」の姿について、「色々ななわとび遊びを通して、運動がより好きになる」ことと捉えて授業を行いました。運動の面白さに没頭できるように「こんなことができるかな？」と挑戦意欲をくすぐる投げかけを意識しました。10秒間早回しでは、ペアで見合うことを通して腕で縄を回すのではなく、手首を軸に回すと良いことに気付き、多くの子が「20回とべるかな」をクリアすることができました。

　また「できるかなビンゴ」を通して、子供たちの「やってみたい」を引き出すことができたと感じています。友達の技

を見て参考にしたり、目標を高めたりする気持ちや動きは、低学年のうちから発揮できると考えます。友達の意見や動きを参考にしながら、今ある自分の課題をこえようとする姿を見取ることができました。仲間と共に互いに高め合う価値に触れたことで、「協働する力」や「課題解決の力」が着実に身に付きました。学校生活の様々な場面で身に付けた力を発揮し、学級をよりよくしようとする姿が見られるようになってきました。

「テニピン（ネット型ゲーム）」

体育における「運動遊び」を
「日常遊び」へと導く学習

濵田　信哉

　新学習指導要領において、資質・能力、コンピテンシーベースの学力観に基づいた構成となったことにより、各教科、各単元としての授業づくりにとどまることなく、他教科との関連、さらには STEAM 教育など統合的な学習を意識しつつ、学校という組織全体でカリキュラムマネジメントに取り組んでいく必要性に迫られています。体育においても同様に、単元構成ならびに学習環境デザインが重要となります。しかし、このコロナ禍、学校生活においても様々な制限・制約がなされ、ことに活動が学習のメインとなる体育学習においては、身体的距離をとること、接触を避けること、マスクを着用することなど、子供たちが思い切り運動をすることの妨げとなるものばかりです。そんな中、我々教師は、「学びを止めない」を合言葉に、GIGA 構想と絡めて学習の機会を何とか作り、こちらで用意した学習課題を子供たちに提示してきました。しかしながら、この提示の仕方や内容を間違えると、子供たちを「やらなければならないことがあるから、仕方なくやる」姿へと導いてしまうのかもしれません。

　『子供たちが「もっとやりたい」「できるようになりたい」という思いをもち、自らが夢中になって取り組める学習』。教師が子供たちに提供してあげなければならないのは、そういった教材だと考えます。その姿へと導く体育学習を目指し、「遊び」をキーとした授業を実践していきます。

1 「こえる学び」と「こえる学びの拡張」

『一人一人がテニピン遊びに夢中になる姿』

　手にマメを作りながらも逆上がりの練習に沈思黙考的に励む子供たち。そのような姿も今は昔。運動そのものを面白がってこそ、子供たちは夢中になります。低学年の体育では、すべての領域が「運動遊び」というカテゴリーの中にあり、本単元「テニピン」も、ラケットを操作して得点されないようにボールを打ち返したり、得点を狙って打ったりすることで勝敗を競う運動遊びです。ヨハン・ホイジンガは、「遊びこそが人間活動の本質である」(『ホモ・ルーデンス』中央公論新社、1973年)とし、ロジェ・カイヨワは、遊びを「アゴン(競争)」「アレア(偶然)」「ミミクリー(模倣)」「イリンクス(眩暈)」の4種類に分類して考察しました(『遊びと人間』講談社学術文庫、1990年)。テニピンは、2年生の実態に合った中での「アゴン」遊びであると考えています。子供たちはまず、用具を操作して行う運動の面白さと難しさを実感することでしょう。そしてまず、用具を操作して「ラリーを続けること」を面白がるはずです。「数多くラリーを続けること」を競いながら技能が習熟していくことで、その遊びはさらに高次のものへと移行していきます。しかし、用具操作がうまくなり、ラリーが簡単に続くようになると、これまで面白かったはずのこのゲームが、つまらなくなってしまうかもしれません。それは次のゲームへの移行のタイミングだと捉えています。「フロー」の提唱者であるチクセントミハイは、スキルとチャレンジのバランスがとれ、フローチャンネルに入ったときこそ、最適な体験(活動)を味わうことができると述べています。毎時子供たちの声を聞き、動きや表情などの様子を的確に捉えながら、「つまらない」学習になる前に、適宜、真新しい課題や「教師の仕掛け」を講じることで、スキルとチャレンジのバランスがとれたゲームへと発展させていかなければなりません。ゲームに夢中で取り組み(没頭し)、楽しむ中で、「協働」する力が育まれ、そして日常の学校生活においても、休み時間に「テニピンやろうよ」という声が聞こえてくるはずです。これが「こえる学びの拡張」への第一歩となるのです。

体育

2 「こえる学びの拡張」を視野に入れた学習環境デザイン

(1) 運動遊びの経験

　幼少期・児童期における運動習慣は、大人になってからの運動習慣に好影響を及ぼし、大人になってからの健康状態にも影響することは、「持ち越し効果」として知られています。これは、学校で経験する多様な運動遊びが、豊かなスポーツライフの実現に貢献できることを示唆したエビデンスに他なりません。まずは低学年のうちから、多様な運動経験を積ませ、運動そのものを楽しむ土壌を作ってあげることが大切です。

(2) 体育での「運動遊び」を「日常の遊び」へ

　一人１個のボールを与え、各自が「マイラケット」を手作りして使用します。休み時間にも、壁打ちやペアで友達とラリーをすることができる環境ができます。単純にテニピン遊びをすることを楽しみたいという子もいれば、体育の時間のゲームで「勝ちたい」から「うまくなるように練習したい」という子もいるはずです。体育の授業における運動経験が、もっとやりたいと思えるような学習となるよう、工夫しなければなりません。それとともに、子供たちが何を面白がっているのか…子供の思いを形成的に見取っていくことも大切になってきます。

(3) すべての子供が夢中になる教材作り

　低学年の子供たちにとって、バウンドするボールをラケットで操作することは容易ではありません。さらに、経験値による技能差も大きく、既存のルールはもとより、既存のコートやネット、ラケットを使用してもゲームは成り立ちません。子供たちに合った場や教具、ルール等を提供してあげることが不可欠となります。また、低学年の子たちによる経験値の差は、動体視力の差に表れ、動いているボール、ましてやバウンドするボールにうまくコンタクトすることができない子が少なくありません。山なりで緩やかなやさしいボールでのゲーム作りが必要であり、それをルールで縛るのではなく、至極当然にゲームの中に取り入れていく形にしたいものです。

③ 実践

　まず段ボールで、各々が 20cm × 20cm の「マイラケット」を作成し、「1人でテニピン」「2人でテニピン」そして「バウンドキャッチボール」をやってみました。やはり、手のひらサイズの小さなボールをラケットで操作することは非常に難しく、バウンドするボールを目で追いつつもうまくコンタクトできない子も少なくありません。ここでは、経験値の差が顕著に表れました。

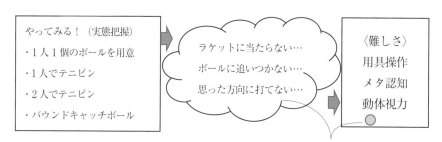

やってみる！（実態把握）	ラケットに当たらない…	〈難しさ〉
・1人1個のボールを用意	ボールに追いつかない…	用具操作
・1人でテニピン	思った方向に打てない…	メタ認知
・2人でテニピン		動体視力
・バウンドキャッチボール		

　これらを1時間、自由に遊ばせてみたところ、緩やかな山なりのボールに対しては追いつき、ボールに触れるようになってきました。ここで「ラリーゲーム」の導入です。

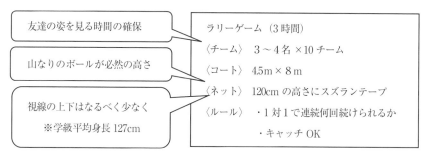

友達の姿を見る時間の確保	ラリーゲーム（3時間）
	〈チーム〉　3～4名 ×10 チーム
山なりのボールが必然の高さ	〈コート〉　4.5m × 8 m
	〈ネット〉　120cm の高さにスズランテープ
視線の上下はなるべく少なく	〈ルール〉　・1対1で連続何回続けられるか
※学級平均身長 127cm	・キャッチ OK

動くボールに対して、顔や目線の上下が少なくなり、「今あるところ」ではなく、「予測」した動きをするようになります。

〈**自分**が打ちやすいボール〉
・スピードが遅く、山なり
・あまり動かなくて良いところ
・自分がいる場所より前でバウンド
・ボールが落下している時

〈**自分**が打ちにくいボール〉
・速くて強いボール
・自分の場所から遠いところ
・自分がいる所より後ろに来た
　ボール
・バウンドが上がっている時

長く続けるには……

〈**相手**が打ちやすいボール〉
・スピードが遅く、山なり
・あまり動かなくて良いところ
・相手がいる場所より前でバウンド
・ボールが落下している時

〈**相手**が打ちにくいボール〉
・速くて強いボール
・相手の場所から遠いところ
・相手がいる場所より後ろに来た
　ボール

こえる学びの姿

自分が経験したことをもとに相手のことを考えた動きをしようとします。
※緩やかで山なりのボールを、相手の前に落としてあげようとします。
⇒下から上へのラケット操作へ

ラリーゲームにおいて、動きに習熟し、ラリーが容易に続くようになると、いよいよメインゲームの導入です。メインゲームにおいては、通常のネット型ゲームと同様に、「相手がボールを取れなかった」ことで得点が入ることとします。ここでは、ラリーゲームで培った「相手が打ちやすいボール」から「相手が打ちにくいボール」へと思考と技能を転移させていかなければなりません。そこで、認知学習場面を設け、学級全体でこれまでのラリーゲームを振り返るとともに、チー

ムごとに作戦ボードを与え、「相手が
取りにくいボールをいかにして出す
か」について、話し合いの時間を取
りました。すると子供たちの中から
「ラリーゲームももっとやりたい」と
いう声が、少なからずありました。
そこで、子供たちと話し合った結果、
メインゲームの中にラリーゲームを

取り入れた形で、総当たりリーグ戦を行うことにしました。

　体育学習でのゲーム構築で大切なのは、教師の思い（育てたい力、身に付け
てほしい技能）と子供たちの思いを合致させ、すべての子供が夢中になって取
り組むことだと考えています。ゲームを構築する上では、個々の技能差を考慮
しつつ、子供の思いを形成的にくみ取りながらルールを編成し、個別最適な学
びと協働を相関しながら学習を組み立てていきたいものです。

4 「こえる学びの拡張」につながる子供の姿

　本実践を行った子供たちは進級し、一つ上の学年になりました。本実践で作成
した「マイラケット」を今でも大切にし、休み時間になると、マイラケットとボー
ルを持って、もくもくと壁打ちを行っている子、友達と一緒に楽しそうにラリー
ゲームに興じる子の姿が数多く見られます。この姿そのものが、「こえる学びの拡
張」につながるのではないでしょうか。それまでボールゲームの経験が皆無であっ
た子たちも、「テニピン」という遊びの中で身に付いた思考や技能を活かし、様々
なボールゲームに意欲的に取り組んでくれることでしょう。体育学習においては、

上手にできる子の姿を真似たり、互いに教え
合ったりする姿が生まれます。ゲームにおい
ては「ルール」を設定することが必然となり
ます。本実践において、互いに教え合い、
そして、みんなでルール作りをした経験は、
友好な人間関係を育み、真の規範意識へと
つながるものだと考えています。

体育

「精一杯生きるとは」

子供が生命の尊さを 身に付けていく学習

遠藤　信幸

「一度失われた命は二度と取り戻すことができない」「命は尊いものである」といったことについて、子供たちは「言葉」では理解しているのではないでしょうか。ただ普段の生活の中でそういったことを実感することはあまりありません。そのため授業では「命は尊いものである」「尊い命があるのだからこそ、自分にも色々なことができる」という言葉をこえて考えさせることが大切です。「精一杯生きるとはどういったことであるのか」といった学習から自分なりに精一杯生活していこうとする気持ちを育てる授業です。

1 「こえる学び」と「こえる学びの拡張」

特別の教科道徳が目指す「こえる学び」とは、「自分や他者を通して道徳的価値についての理解を深め、価値に対する今までの自分の考え方・在り方を見つめ、新たな価値の理解を創り出す瞬間」と捉え、「没頭」「実践」「往還」を以下に整理しました。

没頭：価値について他者を通して新たな考えを見つけ出そうとする。
実践：問題について納得解をもち、自己の在り方・生き方に生かそうとする。
往還：自他との学び合いから、自分の在り方・生き方を見つめる。

本実践における「こえる学び」は、「自他を通して、精一杯生きるとはどういうことであるのか理解を深め、自分なりの『精一杯生きる』を創り出そうと

する」子供の姿から見ることができます。そして、「これからの生活を自分なりに精一杯生きていこうとする姿」を「こえる学びの拡張」と捉えています。道徳科は「拡張」をねらう授業を意図的に設計するのではなく、あくまでも「こえる学び」を設計する中で、子供たちが今の自分自身をこえていく、拡張していくことを期待します。

② 「こえる学びの拡張」を視野に入れた学習環境デザイン

（1）教材から問いを作る

　教材について子供たちが感じたことを基に授業を構成できるように2時間扱いの授業を設計しました。1時間目に教材を読み、「価値や教材についてどう考えているか」を調査しました。オンラインフォームを活用して、それらを基に2時間目の発問を考えました。子供たちが2時間目まで授業に対する意欲をもつことができるように疑問や考えたいことなどをまとめることができるワークシートを家庭学習として配りました。ワークシートには本時の人物の写真を記載し、その人について知りたい、学びたいという意欲を引き出しました。

（2）子供の言葉から発問を紡いでいく

　1時間目の意識調査を基に、発問構成を作成しました。子供たちが考えたことを視覚的に捉えやすいようにICTを活用しました。子供たちが実際の授業でどう反応するかを予想し、事前に発問内容を考え、どのような展開になるか準備しました。
例）予想される子供の発言→想定した発問
Ｃ：精一杯生きるとは相手のことを思うこと
　　→発問：「どのようなことを思えば精一杯生きることになるの」
Ｃ：精一杯生きるとは命を大切に思うことかな
　　→発問：「大切って生活ではどういう姿かな」

③ 実践

（1）問いを作る場面

Ｔ：どうですか。テキストマイニング（図1）を読んで感想ありますか。

C：命が上も下も入っているから。大事。

C：感情とかなんか感じることが書いてあって、下はどちらかというと行動が書いてある。

C：下はなんか赤が多い。下は名詞が多い。

C：精一杯生きるとは気持ちが上を向いている。嬉しいとか。幸せとか気持ちが上にいっていて、自分の命はしまう、失うとかちょっと気持ちが下がっている言葉が多い。

C：生きるについてのことが一番多く書いてある。自分の命は大切とか大事とか贈り物とか。

T：今日のテーマは何がいいかな。

C：やっぱり「精一杯生きるとは」がいい。

図1

こえる学びの姿

　子供たちは1時間目のそれぞれの感想を読み合う中で、「精一杯生きる」という意味について自分と友達の考えを比べました。そして、教材の内容と照らし合わせ、自分たちで授業のテーマについて考えることができました。

(2) 価値の新たな視点に気付く場面

T：主人公のことで聞いてみたいのですが、主人公の精一杯生きるとはどんなことだと思いますか。

C：主人公は周りの人を笑顔にしたいという気持ちがある。だから精一杯生きるとは周りの人とかみんなを楽しませることではないかな。

T：つけたしある？

C：挑戦し続けること。

C：チェロを最後まで限界までチェ

教材の内容

　がんの病に倒れながらも、死の間際までチェロの演奏に打ち込み、ホスピスでのコンサートで最後の力を振り絞って、すばらしい演奏を行った人物の物語です。

ロを弾き続ける。

C：コンサートの中でもあきらめなかった。

C：周りの人を笑顔にすること。

C：楽しませると同じことかもしれないけど、喜ばせる。

C：努力し続ける。

C：死ぬ前にしたいことを一生懸命する。

T：みんなは前時から「命は大切」と前の時間で言っていたけどあったけど、この生き方は命を大事にしているのかな？みんなの意見だと無理しないでということなのではないですか。

C：人生の最後を人を楽しませることに使った方がいい。ベッドに寝ているのではなく、人を楽しませることに使いたい。

C：自分の壁をこえるにつながるけど残りの時間がない人たちがいる場所で主人公は最後まで人を笑顔にさせることが「自分が一番したいこと」だった。

🚩 **こえる学びの姿**

　登場人物の姿から「精一杯生きる」ということについて考えを広げていることが分かります。教師の「この生き方は大事にしているのか」という切り返しの発問に対しても「人を楽しませることに使いたい」「人を笑顔にさせることが『自分が一番したいこと』」など子供たちが考えを広げています。

(3)「こえる学び」から拡張につながる場面

T：みんなは前時から「生きる」「命は大切」とあったけど「精一杯生きる」、主人公はこれは大切にしているかな？

C：自分をこえて、人を笑顔にすることが主人公にとって命を大事にしていることになる。

C：なんか人の役目、命があることに役目がある。主人公はチェロで人を笑顔にする。

T：みんな分かる？（子供たちは難しいという反応）　主人公の役目は？

道徳

C：チェロで人を楽しませたり、
　　幸せな気持ちにさせること。

C：それ（チェロの演奏）が好
　　きだから、それは納得でき
　　る。

T：人の役目はその人が好きじゃ
　　ないといけないの？

C：何かに打ち込むときって、
　　それが好きなことが多い。

C：無理にやらせても自分の壁をこえない

C：本人の意思で実行するから、壁をこえる。するかどうかは納得できるま
　　で待つのがいい。

C：主人公みたいに得意なことがある人は役目があると思うけど、役目があ
　　るから命があるのではないか？

T：命があるから役目がある？

C：何もできない人は役目がないの？主人公だけが特別なんじゃないかな？

T：ホスピスで寝ている人は役目がない？

C：自分が好きなこと、人に役目があると思うけど。自分が好きなことが分
　　からないのにどうすれば。

C：自分が好きな事っていうのは自分の命より大切って思わないと全うでき
　　ない。

T：好きなことが自分の命より大切に
　　なっていくってこと？

C：うん。

T：では次の意見どうぞ。

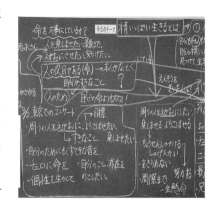

C：自分の命より大切っていうと好き
　　なことっていう言い方が違うかも
　　しれないけど、全員好きなことっ
　　て1個あると思う。それが命より
　　大事っていうことは人のためにす

ることになる。そうなると、人の命が自分の命よりも大切っていう人が
いるかもしれない。ただそう考える人は自分がそういう経験をしている
からではないかな。前の授業のおり紙の時もやなせたかしさんもそうだ
けど、東日本大震災とか世界各地を回って争いとかを知っているから、
誰かのために自分の命を少しけずってでも相手のためにすることで全員
の命を大切にしている。自分だけの命だけじゃなくて、自分がすること
で、周りの人の命も大切にできる。

こえる学びの姿

　教師が子供たちの考え方に疑問を投げかけたことによって、子供たちは
「生命」についての考えを「役目」という視点まで広げて考えることがで
きました。「命には役目がある」という視点は今までの学習では出てこな
かった価値といえます。中には今までの学習で考えた人物の生き方を思い
出し、「自分の命を使って誰かのために何かをすることが、自分だけでな
く全員の命を大事にしていることになる」という教師が予想もしなかった
考え方を発言する子もいました。こうした子供の発言は他の子供たちの考
え方を大きくゆさぶることがあり、教師が望む姿をこえた瞬間です。

4 「こえる学びの拡張」につながる子供の姿

　子供たちのワークシートには「精一杯生
きると人を喜ばせる」「他の人も心があた
たまる」など他者の視点から命を捉えた記
述が多く見られました。「生命」の大切さ
を「他者」の視点から理解したことによっ
て、自分のこれからの生活においても他者とよりよい関係を築いていくことに
つながる姿を期待しています。

道徳

「Let's think about our world.」

SDGs を視野に入れた
教科横断的な中の英語の学び

中村　香

英語の学習を語彙や表現といった知識の獲得で終わらせてしまっては、大変もったいないです。子供は、教科の枠をこえて思考し続けます。英語の学びも、英語を活用する中で主体的に英語を学習する姿を目指します。

本授業では、食材を通じた世界のつながりや食べ物の栄養素、世界の食糧事情など、SDGs を視点に他教科の学びと関連させました。地球規模の課題について興味・関心をもって、自分事として課題解決のために探究していき、日々の生活の中でできることから行動していく姿を期待しました。

1 「こえる学び」と「こえる学びの拡張」

英語における「こえる学び」とは、①子供が英語で「言ってみたい」「言っていることを理解したい」「伝えたい」という目的意識をもって学習に没頭する姿、②子供が既習した言語とそれまでの経験や知識・技能を駆使して、英語によるコミュニケーションを進んで実践する姿、③子供が英語によるコミュニケーション活動を通して、「ことば」やよりよいコミュニケーションをするための方法や態度について内省し、自分を更新していく姿として捉えています。

英語における「こえる学びの拡張」として、①英語でのコミュニケーション活動を通して、他者や異文化を理解し多様性を認め尊重する姿と、②授業での学びを基に、さらに自分の生活を豊かにしようと行動する姿を目指します。本授業では、日本の食料事情や世界の食料事情について理解を深め、さらに自他文化を比較し、多角的に捉える姿と、食料事情や食糧問題について問題意識をもったり自ら調べたり、さらにはその課題解決のために自ら行動に移す姿を「こえる学びの拡張」と考えました。

2 「こえる学びの拡張」を視野に入れた学習環境デザイン

（1）他教科等横断的な視点

　現代の地球規模の課題を目標に掲げた SDGs を視点とし、他教科での学びと関連させた学習環境を設定することで、「学習の基盤となる資質・能力」と「現代的な諸課題に対応して求められる資質・能力」の育成の両方を目指します。本授業では、社会科で学んだ輸出入の知識や道徳での国際理解の学習と絡めた授業を設定しました。留学生に紹介する日本食のプレゼンテーションの準備は、総合的な学びの時間にも行いました。

（2）実社会や現代的な課題とのつながり

　英語の学習が、教科書内や教室内で終わらないためにも、本単元では、食料事情や SDGs と関連した活動を設定しました。特に、日本で有り余る量の食料が当たり前にある中で暮らしている子供が、世界の食糧危機を少しでも身近な問題として捉えられるように、アフリカのガーナからの留学生の話や JICA の青年海外協力隊員としてガーナに 2 年派遣されていた隊員の話を聞く機会を設けました。これは、英語の言語能力の学習以上に、これからの社会を生きていく上で必要な学びにつながる動機づけとなることを期待しました。

3 実践

（1）教科横断的な視点での導入

　子供に好きな日本食のアンケート結果で 1 位となった寿司をもとに、寿司ネタはどこから来るのかを、"Where is tuna from?" の英語クイズにしてターゲット表現に慣れ親しみました。最後に、"What ％ is Japan's food self-sufficiency?" と問いを出した場面です。

（寿司ネタの産地を尋ねるクイズ）

T ：Where is salmon from?

C ：チリ

C ：ノルウェイ。

C ：ロシア。

T : Good guess.

Salmon is from Chile and Norway.

C : Salmon is from Chile and Norway.

T : Where is ikura from?

C : アメリカ。

T : Not. Here is hint. Ikura is not English but some other language.

C : あっ、知ってる。 ロシアでしょう。

T : That's right. Ikura is from Russia. We now knew all the places where these sushi-neta are from.

T : This is the last question. What % is Japan's self-sufficiency for food?

C : えっ。何？

C : 分かった。

C : 僕も分かった。食料自給率じゃない？

C : 36 %。

C : 38 %。

T : Wow!! You are very good guessers. What is "the self-sufficiency for food" in Japanese?

C : 食料自給率!!

こえる学びの姿

　教師が投げかけた英語の問いに、子供たちは社会科で学んだこと、既習の英語表現やこれまでの経験や知識・技能を駆使し回答している姿は、単なる英語の語彙や表現の学びをこえて文脈から意味を推測し英語を活用しながら学んでいる瞬間です。

(2) 実社会や現実的な課題とつなげた学び

　既習の英語表現を使いながら、食料配分の疑似体験を通して、世界の食料事

情について知り、食料自給率や世界の食料事情について理解を深める学習活動の場面です。

T：Now, let's think about food in the world. Do we all have enough food in the world? Let's do some activity. "If the world were this class of 34 people".

T：Take one card from the bag.

〈もしも世界が34人だったら〉
くじを引かせ、A～Eのグループに分け、世界の食の配分について、疑似体験させる。
A：0個　　5人　飢餓状態
B：1個　　12人　栄養不良状態
C：3個　　9人　必要な食料は保持
D：10個　　7人　十分な食料を保持
E：27個　　1人　有り余る食料を保持

（児童がくじを引く）

T：What do you have?

C：I have "A".

T：You have "A". Sorry, you have no candy.

C：ないの？

T：What do you have?

C：I have "D".

T：You have "D". You have 10. Here you are.

C：やった。

（全員に飴を配る）

T：What do you feel now? What do you think?

C：1個ももらえなくて、悲しい。

C：27個ももらってしまって困っている。

T：Now I will give you 5 minutes. You can solve this inequality.

（子供たちなりに、たくさん持っている子は少ない子に分けたり、3個持っている子も何も持っていない子に分けたりしていたが、持っている個数に差があった）

T：Time is up.

〈授業後の感想〉

日本は輸入しすぎていると思った。食糧自給率を増やすといいと思った。誰か（どこか）が多くもっていると平等に分けることができない。要る分だけ作ったら無駄にならない。残飯を残さない。

こんなに世界にはたくさんの人がいるのにもかかわらず、食料が平等に分け与えられないのは不平等だと思いました。0個の人と27個の人の差はすごいんだと分かりました。

怖い。危なすぎると思う。私は日本に生まれたけど、もしも飢餓状態の所に生まれたら困っていたし苦しいと思う。（どこに生まれるかは）ガチャみたいになっている。ガチャにより決まっちゃう。

こえる学びの姿

　ハンガーマップや『もしも世界が100人の村だったら』で、世界の食料事情を学習後、この世界の食料配分の疑似体験は衝撃にも近い感情を伴った学びとなりました。子供の振り返りには、世界の食料事情と自分の生活とを往還しているものも多く見られました。

（3）想いのこもった英語表現

　ゲストスピーカーとして、ガーナの食料事情を話してくれたガーナからの留学生に、日本食を紹介することにしました。母国で家庭科の教員でもある彼女へ、各グループで想いのこもった日本食を紹介しました。

C1，2，3：Hello!!
We will introduce corn tempura.
C2：In Ghana, there are many corns.
C3：You can make this in Ghana.

C1，2，3：Let's make ohagi.
C1：Ingredients. Rice and chocolate.
C2：You have many cacaos in Ghana.
C3：We use chocolate for this ohagi.

Arigato gozaimasu.
Minasan no happyo ha subarashii desu. Very good!!
Doremo oishisou. Zenbu tsukuritai to omoi masu.

こえる学びの姿

ガーナからの留学生に日本食を紹介する活動では、ガーナでも作れるものやガーナで広めてほしい日本食をという思いをもって、仲間と協力して準備や練習をしていました。難しい ingredients（材料）という発音を何度も練習したり、分かりやすいスライドを作成したりする姿は、これまでの自分を更新していく「こえる学び」の姿でした。

4 「こえる学びの拡張」につながる子供の姿

英語

寿司ネタの産地クイズの後、給食の食材の産地について聞き合う活動をした時、ある子供が、「寿司ネタは外国産のものばかりだったのに、給食ではサバ以外は国産だった。じゃあ食料自給率が37％なのに、外国産の食べ物はどこにいっているのか疑問に思った」と言いました。このような疑問をもち、その「なぜ？」を自分の生活の中で調べていく姿は、「こえる学びの拡張」の一つとして考えられるのではないでしょうか。

また、この学習を通して、給食時に「残したらもったいないよ」「食べたくても食べられない子がたくさんいるよ」といった声掛けが自然にされている姿がありました。これも自分の生活をよりよくしようと実践している姿、つまり「こえる学びの拡張」の一つとして考えられるのではないでしょうか。

「きゅうしょくしつたんけん」

自分自身を見つめ、食べることへの意識を更新していく学習

横山 英吏子

　学校には子供たちが安心して安全な学校生活を送れるよう、色々な場所で様々な人が働いています。学校給食も、調理員をはじめ多くの人々の苦労や努力、思いに支えられて作られています。しかし、子供たちは「おいしそう。」「まずそう。」「早く食べたい。」「無理、嫌いだから残そう。」と、目の前の食事について、その背景まで考えることができません。そこで本実践では、給食がどのように、どんな思いで作られているのかを、調理員にインタビューしたり、実際に使われている大きな道具に触れたり、普段は入れない給食室の中の様子を視聴したりすることを通して、子供たちの給食に対する考えが更新されることを目指しました。給食を食べる際には、あの調理員さんが自分たちのために作ってくれたんだと実感し、給食室の様子や調理員の思いが、子供たちの中に思い起こされることを期待しています。感謝の気持ちを込めて挨拶をしたり、今まで食べられなかった苦手なものにチャレンジしたり、きれいに片付けができたりすることをねらっています。

1　「こえる学び」と「こえる学びの拡張」

　食育が目指す「こえる学び」とは、「自分の食生活や食習慣と健康との関わりに気付いたり、食に関する社会問題を自分事として捉えたりする姿」と考えています。「没頭」「実践」「往還」を以下に整理しました。

> 没頭：食を様々な角度から見つめ、他者との関わりを通して、認識を新た
>   にしたり、自分事として捉えたりする姿。
> 実践：食への向き合い方を、日常生活の中で、自分の目指す姿へと更新し
>   ていく姿。
> 往還：日常の自分を振り返り、これからの食への向き合い方を見つめる
>   姿。

　本実践における「こえる学び」は、「自分の食生活や食習慣を振り返り、自分との関わりを捉えたり、問い直したりし、認識を新たにする」子供の姿から見ることができます。また、「協働的な食に関する学びを通して、自分の『食』への向き合い方や感じ方、考え方について振り返り、自分の目指す姿へと更新していく態度」も「こえる学び」として捉えています。「こえる学びの拡張」は、「学んだことを給食時間や家庭での食に関わる時間等の実生活に生かしていくこと」「学んだことを他の事象と置き換え、新たに子供自身が学んでいく姿」と捉えています。

② 「こえる学びの拡張」を視野に入れた学習環境デザイン

（1）子供の意欲に合わせた授業設計

　様々な角度から給食室を見つめ、情報を取り込んだり、周りと協働したりすることで、新たな気付きが生まれることを願い、授業を設計しました。「調理員に直接質問ができる」「給食室の調理道具や材料に触れられる」「パソコンを使用し子供が自由にアクセスできる動画コンテンツ」を準備しました。

　「調理員さんに質問して答えてもらって分かった。」「調理道具を持ってみてその大きさや重さを感じて気付いた。」「給食室内の動画を見て、新たな疑問がわいてきた。」等、児童の活動意欲を育みたいと考えました。

　「これを確かめてみたい」「知りたい」と挑戦したくなる雰囲気と場をつくり、同じものに興味がある友達と協働する場面が見られるような「仕掛け」を用意しました。「気付いた」「感じた」「そうだったんだ」という喜びと驚きが、「今まで好き嫌いをしていたけど、一生懸命作ってくれているから頑張って食べてみよう。」「感謝の気持ちを込めて食事の挨拶をしよう。」「きれいに食

器を片付けよう。」という気持ちにつながっていくと考えました。

（2）時間という軸の中で対比的に自分を捉えるカード

　絵本「あしたのぼくは」を参考に、今までの自分とこれからの自分を自らが見られるカードを準備しました。左側に今までの自分の様子や思いを振り返って記入し、右側にこれからなりたい自分像を記入します。過去の自分とこれからのなりたい未来の自分を対比させ、自分自身を捉えようとすることができると考えました。

③ 実践

（1）様々な角度から給食室を見つめ、給食に対しての向き合い方を新たにしていく

【調理員さんに質問をしている場面】（Ｓは調理員）

動画を見たり、実際に調理道具に触れたりすることで、さらに質問が出てきました。

〇洗浄機についての質問

Ｃ１：（自分の書いたノートの絵を指して）この機械は何ですか？

　Ｓ：洗浄機だよ。

Ｃ１：洗浄機では何を洗うんですか？

　Ｓ：食べた後のお皿、お茶碗、トレーだよ。

Ｃ２：お皿を洗う温度は何度くらいなんですか？

　Ｓ：50度くらいかな。

Ｃ1、2：えーそんなにあるの。

Ｃ３：（パソコンの動画コンテンツ
　　　を見せながら）

　　　これって、何をやっているん
　　です

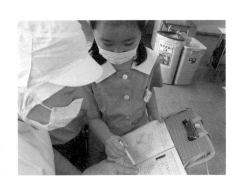

か？

　Ｓ：お皿を洗剤につけて、一回汚
　　　れを浮き上がらせて、汚れが
　　　落ちやすいようにしているん

だよ。ここに汚れがついているでしょ。これを直接洗浄機にかけてもき
れいにならないから、汚いところは、こうやって手で洗いながら流すん
だよ。

○温度計についての質問（動画コンテンツを見た後に質問）

C4：温度計はどうしてあるんですか？

　S：温度計は、焼いたものとか煮たものとかの温度を測るんだよ。85度以上
になると食中毒の菌が死ぬから、ちゃんと温度が上がっているか毎回調
べて確かめているの。

C4：なるほど。

C5：えぇ、そんなことやってくれていたなんて全然知らなかった。

○調理器具についての質問（調理器具に触れたり、動画コンテンツを見た後に
質問）

C6：（動作付きで）材料を持ち上げているあの大きな銀色の名前何ですか？

　S：あれはね、へらっていうんだよ。給食室の窓の前に大きな鍋が4つあるで
しょ。あの鍋の中で炒め物とか汁物とか作る時に混ぜるのに使うんだよ。

C6：すごい。すごい重かった。めちゃくちゃ重い。

【給食室の調理道具や材料に触れる場面】

　同じことに興味がある者が自然と集まり、対話が生まれていました。

C7：（揚げ物用の油の一斗缶を持ち上げて）これ、めっちゃ重い、重い。

C8：ねぇ、重いよね、あれ、油。

C9：あ、持ってみよう。

C8：教えてもらったんだけど、18キロもあるんだって。

C10：Iくんの体重と同じくらいなんだけど、（Iくんを抱っこして）

　　　なぜかIくんの方が軽
い。

C8：きっと力を抜いている
からだ。

C9：（油の缶を持ち上げな
がら）ふぅ、うぅ、重
い。重い〜。

　　子供たちは、主体的に食材や道具、調理員などに働きかけていました。実感したり、観察したり、質問したりしながら、自分の外にある情報を取り込んでいました。また、自分の知りたいことだけを調べるのではなく、新たな問いを見つけ、さらにその問いを解決するために、協働し、予想を立て調理員にインタビューしたり、動画コンテンツで確認したりする姿がありました。「えぇ、そんなことやってくれていたなんて全然知らなかった」「安心だ。セーフティ給食だ」と自ら言葉を作り出し、自分との関わりを捉えたり、認識を新たにしたりする姿が見られました。

（2）時間という軸の中で対比的に自分を捉えるカード

　　全体でのまとめの後、今までの自分とこれからなりたい自分を対比させカードに記入しました。「今までの私は、今日の給食の揚げたゴーヤが苦手だった。でもこれからの私は、ごはんを残さず食べられる。給食を作っている方がおいしく作ってくれるから、ちょっとずつ食べて好きになっていきたい。」など、自分自身を振り返り、自分のために料理を作ってくれる人のことを考えた記述が見られました。また、余白には、「給食の方へのメッセージ：いつもおいしいごはんを作ってくれてありがとうございます。これからも頑張ってください」と、調理員への感謝の気持ちが書かれていました。給食室を様々な角度から見つめることで、自分たちのためにおいしくて安心・安全な給食を提供してくれる人がいることを理解するだけでなく、その気持ちにどう応えていくかや、自分を取り巻く社会とのつながりを考えたり、自分の健康について考えたりする子供たちの姿が見られました。子供たちのカードを紹介します。

こえる学びの姿

　時間という軸の中で対比的に自分を捉えるカードを使用することで、自分の給食への向き合い方や感じ方について振り返り、なりたい自分を記入する姿が見られました。また、自分の食べ方を振り返ったものだけではなく、これからの生き方や、分からないことについてどう調べたらよいのかなど学び方について書かれたものもありました。

④ 「こえる学びの拡張」につながる子供の姿

　本実践後、給食の時間に教室を訪問した栄養教諭に「きれいに食べられました。」と声をかけたり、「何かお手伝いありますか？」と配膳車置き場に片付けを手伝いに来たり、調理員に「いつもおいしい給食ありがとうございます。」と声をかけたりする姿が見られるようになりました。家庭では、普段食事を作ってくれる家の人への感謝を伝えたり、日記に書いたり、料理のお手伝いをするなどの姿も見られました。

「『＃係活動コラボ募集』プロジェクト」

係活動間でのコラボレーション企画を発想する学習

小池　翔太

新型コロナウイルス禍において、自治体・市民・企業が協働して、ICTを活用して地域課題を解決する「シビックテック」という活動が注目されています。こうした取り組みは、2021年度から本格的に始まったGIGAスクール構想における1人1台端末を活用した学習に対して、示唆を与えうるものではないでしょうか。1人1台端末を日常的な生活場面で活用していれば、自分たちのクラスをよりよくするために、ICTを活用して係活動間でコラボレーションした新たな企画を子供たちが発想できると考え、授業を実践しました。

1　「こえる学び」と「こえる学びの拡張」

本校ICT部会が目指す「こえる学び」とは、「ICTを活用して子供が自ら自分に合った学習方略を選択（判断）して進める学び」と捉え、「没頭」「実践」「往還」を以下に整理しました。

> 没頭：編集ツールとしてICTを活用し、集中して学習活動に取り組む。
> 実践：自分の獲得したスキルを活用して問題解決に取り組む。
> 往還：コミュニケーションツールとしてICTを活用し、意見を交流して、自分の考えを更新する。

本授業における「こえる学び」は、「係活動間でどのようなコラボレーションの企画ができそうか、ICTを活用しながら考える」子供たちの姿を想定し

ました。そして、「こえる学びの拡張」を「自分が取り組んでいる係活動だけでなく、他の係活動と結び付けて、新たな価値を協働で見出そうとする」と想定しました。

　こうした「こえる学びの拡張」は、本実践前から、例えば「イラスト係」と「歴史係」とがコラボレーションして「イラスト付きの歴史新聞」を発行する、などのように一部見られていました。協働することのよさについて、子供たち一人一人が実感できるよう、教師が学級全体へ促す必要があると考えました。

② 「こえる学びの拡張」を視野に入れた学習環境デザイン

(1) 実社会におけるコラボレーション事例を引き出す

　授業の導入においては、自分たちの係活動の振り返りをした上で、子供たちが日常生活で目にするような、実社会におけるコラボレーション事例を引き出すようにしました。こうした学習環境をデザインすることによって、協働することで生活がよりよくなる可能性があるということを自覚できるようにしました。

(2) 企画案をコンペティション形式にして投票し合う

　子供たちが思いついた企画案を実行するように教師が強制してしまうと、コラボレーションが目的化したり、形骸化したりすることが考えられました。そこで、企画案を没頭して考えられるように、更にその後子供たち自身が主体的に実践に取り組めるように、コンペティション形式にして投票し合うような学習環境をデザインします。具体的には、次の3つのステップの活動を取り入れました。

---

① Forms（アンケートフォーム）で、子供たちから企画案を収集
② Excel（Forms の集計結果）を加工して、企画案を匿名化・番号化
③それらを踏まえて再度 Forms を作成して、優れた企画案に投票

特別活動

3 実践

（1）コラボレーションの意義を考える場面

C：「誰もが平等に楽しめる係を作ったほうがいい」と振り返った人がいるね。

T：これに関して、ある係と別の係が一緒になることがクラスで過去にありましたね。このようなことを世の中で「コラボレーション」「コラボ」と言うことがあります。

C：確かに、スマホの会社とコンビニの商品がコラボした例を知っているよ。

C：他にもアニメとレストランのコラボもあったよ。

T：今こうやって心に残っているということは、コラボすると意外なことが起きて、面白いのかもしれませんね。クラスの係で、コラボする例は浮かびますか？

C：「タイピング係」と「動画係」がコラボして、タイピング実況動画を作るのは？

C：でもそこをコラボするっていうのは…。

T：どういうこと？

C：こういう言い方は失礼かもしれないけど、メリットってあるのかな？

T：確かにコラボが無理矢理だと意味がないですよね。あり得ないことが起きるから、相手が楽しく感じてもらえてコラボする意味が出る、ということは大切ですね。

🚩 **こえる学びの姿**

　実社会におけるコラボレーション事例だけでなく、自分たちの係活動での例や可能性まで教室全体で確認することで、コラボレーションの目的化・形骸化を避けることや、新たな価値を協働で見出す意義を理解することができました。

（2）企画案を収集する場面

T：では、企画案を集めるための
　　Formsを一緒に作りましょう。
　　後でみんなには、この回答結
　　果をもとに投票してもらいま
　　す。どんな項目が必要でしょ
　　うか。

C：まず、コラボする係を入力しないと。

T：それぞれの係を分けて入力した方が、集計しやすいですよね。

C：あとコラボ内容も。これも分けた方がいいかも。

C：でもコラボして一つのことをするんだから、回答欄は一つでいいんじゃ
　　ない？

T：では、これは一つにしましょうか。他はどうですか？

C：コラボするメリットを書く項目も追加しようよ。

こえる学びの姿

　教師があらかじめ作成したFormsを用意すれば授業の時短にはなりま
すが、子供たちと一緒に実演しながら作ると、日常的に端末を活用するス
キルの習得や心構えを身に付ける機会になります。集計を見据えた観点で
の意見も出ました。

（3）「こえる学びの拡張」につながる場面

　上述のように、① Formsで企画案収集、② Excelで匿名化・番号化、③再
度Formsを作成して投票、というステップで学習を進めた結果、計31の企画
案が挙がりました。1人1票投票させた結果、2票以上集めた企画は次表の9
つになりました。なお、「買う」「宝くじ」などの言葉については、実践学級の
クラス会議で導入がなされた、係活動の成果を可視化する学級内通貨に関わる
表現です。

特別活動

No.	コラボする係		コラボレーションの内容	今までにない どんなメリットがあるか
1	動画ゲーム 制作係	ソフト制作係	ソフト制作係にタイピングソフトの ゲームを作ってもらう。それを動画 ゲーム制作係に投稿してもらう。	
2	イラスト係	全係	ロゴを作る！	
3	動画・ゲーム 制作係	イラスト係	イラスト係が描いた絵を使ってゲー ムを作る。	今までのゲームはそこまで作画がき れいだったわけではないので、イラ ストのプロに頼んだらどうかと。
4	①新聞係と タイピング係	②色々遊び係 と折り紙係	①は、タイピング係のいい結果を新 聞係で発表する。②は、色々遊び係 で折り紙を折ることを実施して、楽 しく遊ぶこと。	
5	宝くじ係	タイピング係	「宝くじ買いたい！」と打つだけの タイピングゲームを作ってもらう。	
6	宝くじ係	タイピング係	「宝くじ買ってね！」と入力するタ イピングゲームを作る。	
7	イラスト係× 折り紙係	イラスト係× 宝くじ係	宝くじにイラストを描く。 （スクラッチみたいなやつ）	いままで買っていなかった人たちも 宝くじを買いそう（笑）
8	①イラスト係 ×折り紙係	②新聞係× 折り紙係	①イラスト：折り紙を折って、顔な どを書いてもらう。②折った折り紙 などをのせて作り方なども載せる。	
9	工作・美術係	動画・ゲーム 制作係	パソコンを立体にあらわしたら面白 そう。	

　投票の結果、最も多く票を集め
たのは、表中の No.3「動画・ゲー
ム制作係」と「イラスト係」とが
コラボレーションした、「イラス
ト係が描いた絵を使ってゲームを
作る」でした。票を多く集めた理
由の「今までにないどんなメリットがあるか」という設問において、現状の動
画・ゲーム制作係の「今までのゲームはそこまで作画がきれいだったわけでは
ない」という課題を述べたことや、イラスト係のことを「イラストのプロ」と
表現したことが挙げられました。

　ICT を活用して意見集約や投票を円滑に行うことに加えて、企画内容で友達の係を「プロ」と形容した子がいて、更にそれが周りからも評価されるという学びの姿は、教師が望む姿をこえた瞬間でした。

④　「こえる学びの拡張」につながる子供の姿

　「こえる学びの拡張」や特別活動の教育課程の観点においては、授業で挙がった企画案を踏まえて、それを実行に移すことがポイントでしたが、そうした子供たちの姿が確認できなかったことが、本実践の限界として課題に残りました。教師が子供たちへ、企画の実行を強制したら、自治的活動として成立しないと考えたため、今回はアイデアを発想して終わる形となりました。ただし、本実践以降の特別活動の授業のうち、6年生を送る会に向けた活動の場面で、「こえる学びの拡張」として解釈できる子供の姿が見られました。具体的には、ビデオメッセージを制作する活動において、1人1台端末を協働的に活用するという場面です。脚本を作るのが得意な子・絵を描くのが得意な子・動画編集が得意な子が、それぞれ役割分担をして協働しながら、6年生への感謝を伝えられるための工夫を、教師の手を借りずに、主体的に考えることができました。

　今後の課題は、学年や学校を超えるなど、コラボレーションの範囲を更に広げた実践の可能性を見出すことが挙げられます。そもそも ICT 活用をすることのメリットとして、時間的・空間的制約から解放されることがあります。特別活動においては、学習発表会などの文化的行事や、遠足・集団宿泊的行事、委員会活動などの児童会活動においても、ICT を様々に活用できる可能性があります。こうした観点でも、日常的かつ協働的に端末活用を促進していけるようにするための実践知を、今後も集積していきたいと考えています。

特別活動

「病気の予防」

Well-Being な健康生活を
つくる学習

佐藤　牧子

　「病気の予防」と聞いて、子供たちは感染症など身近な病気を挙げますが、生涯にわたって病気を予防することの大切さは、日々の生活の中では感じにくいのではないでしょうか。病気は病原体、体の抵抗力、生活行動、環境が関わり合って起こります。本実践では、単に「病気を予防する」ことについて知るだけでなく、自身の生活と結び付いた健康課題を見つけ、よりよい解決を考えたり、自分では気付かない他者の視点を共有したりすることで、将来を見据えた健康を探ります。

1　「こえる学び」と「こえる学びの拡張」

　本実践における「こえる学び」は、これまで学習や生活場面で活用したICTを「この活動（場面）では、どういった ICT 活用が適切かを考えて活用する姿」と捉えます。そして病気はどのようにして起こるのか、またどのように予防することができるのかについて、イメージしやすい可視化された資料やデータなどを共有する姿から見ることができます。データの共同編集、チャネルへの投稿、オンラインのフォームや会議などの活用を通して、他の児童と情報を共有したり、議論したりする姿を「往還」と捉え、こうした子供同士の情報共有という活動から「こえる学びの拡張」につながることを目指しています。本実践では、グループで学習した内容を体験的にクラス全体で共有する手段として、WizeFloor[1] を活用しました。WizeFloor は、床に投影したインタラクティブな映像を用い、身体を使ったコミュニケーション活動を行う学習シ

ステムです。40 以上ある基本アプリを児童がカスタマイズして、学習した内容を基に学習ゲームを作成しました。

2 「こえる学びの拡張」を視野に入れた学習環境デザイン

（1）学習進度や情報共有の方法を自分たちで選択する

　本実践では、保健 8 時間と総合的な学習の時間 3 時間を組み合わせました。保健の時間は、学習する内容を調べ、プレゼンテーション資料を作成しました。総合的な学習の時間は、WizeFloor の体験やプログラムの作成をしました。最初の時間に単元の概要と実践の流れを説明し、グループごとに担当を決め、WizeFloor のデモンストレーションなどを行い、自分が興味をもっている内容や実践してみたいことなどを確認しました。学習の進め方や情報共有方法については、グループ内で決め、自分たちの課題などに合わせた進度で行いました。また、毎回の学習の振り返りは、オンラインフォームを用い、a. グループ活動について、b. 学習内容で気付いたこと・気になったことなど、を把握し、次の時間に子供たちへフィードバックして、進度や課題を明確にできるようにしました。

単元の進め方～グループでの活動～

 調べる　共有する
１. 病気の原因と課題を見つける
（どうして病気になるのか？）

 プログラムをして考える
２. その解決方法をみんなで考える
（病気を予防できるのか？）

 発表→体験

３. 病気の予防について学習したことを共有する（ワールドカフェ形式）

自由

保健

---

1 Alexandra Instituttet A/S. https://www.wizefloor.dk/（令和 4 年 8 月 23 日参照）

(2) ワールドカフェ形式で学習内容を共有する

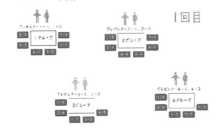

プレゼン大会〜ワールドカフェ形式〜

各グループが調べた学習内容を大型ディスプレイに投影して、ワールドカフェ形式で共有するようにしました。ワールドカフェ形式にすることにより、全員が発表する機会が生じます。フロアからの意見を聞いたり、質問に回答したりすることで、学習内容に立ち戻ることができるようにしました。

3 実践

(1) 問いを作る場面

T：喫煙についてどんなことが問題なのかな。

C：日本では20歳未満は、法律でたばこを吸ってはいけないことになっている。20歳未満では、体への影響が大きいということが理由になっている。

C：未成年が喫煙をやめるように、ポスターを作ったり、見たりすることも大切みたい。

C：未成年の喫煙はどのくらいの人数がいるのだろう。

C：どうして（未成年が）たばこを吸うのか。

C：（喫煙は）だめだって分かっていると思う。

T：多くの人は普段の生活の中で、未成年の喫煙はいけないと分かっているよね。

C：法律で禁止されていると分かっていても喫煙してしまうのはどうしてかな。

C：どうして未成年の喫煙があるのか調べるのはどうかな。

C：私は体にどんな悪いことがあるのか調べたい。

🚩 **こえる学びの姿**

　自分たちが教科書やWebサイトから調べたことを話し合い「未成年の喫煙」を実際の問題として知り「どうして喫煙してしまうのか」という問いが出てきました。

（2）新たな視点に気付く場面

T：飲酒のことを自分の問題として捉えるのは難しいね。

C：飲酒について調べてみたら、体によくないことが多いので、絶対に飲まないようにしたい。

T：たしかに飲酒しなければ、体への害はないですね。

C：やっぱり飲まない方がよい。

C：でも大人はお酒を飲んで楽しんでいる人もいる。

T：体への害もあるのにどうしてお酒を飲むのか？

C：気分転換。毎日飲む人もいる。

C：仲間と楽しく過ごせる。

C：楽しいから仲良くなれる。

C：仲間だけじゃなく、仕事の人など年齢の違う大人同士がお酒を飲むこともある。

C：大学生の飲み会とかで救急車で運ばれたというニュースを見たことがある。

T：飲酒は体への害があることは調べて分かったけれど、みんなの意見からは、飲酒は体への害だけでなく、楽しさや人とのつながりになるような場面もありますね。何が病気の予防につながるのかな。

C：日本の法律で未成年は飲酒してはいけない。

C：でも大学生になって先輩とかにお酒を勧められるかもしれない。

C：「飲まない」って決めても先輩とか（飲酒を）断ることができないと、自分の問題になる。

C：これはみんなにとっても伝えたい問題だ。

C：どうやって断るかも考えよう。

こえる学びの姿

　教科書や Web ニュースなどから調べた飲酒の害の情報から「飲酒」しない選択を考えました。教師の「飲酒は体への害だけでなく、楽しさや人とのつながりになるような場面もありますね。何が病気の予防につながるのかな」という発問から、飲まない選択だけでなく、飲酒を誘われたときのことを問題として捉えています。

（3）ICT を活用して友達と意見を交換する場面

　T : WizeFloor のプログラムは楽しくて、魅力的だけれど、みんなに伝えたいことや知ってもらいたい内容になっているのかな。

C 1 : 質問の部分や内容を見直そう。

C 2 : 自宅から参加している C3 とオンラインでつなぐので、先生待ってください。

＊C3 は感染症対策のため、自宅からオンラインで参加していました。

　T : C3 にもオンラインで見てもらえるのはいいですね。

C 2 : C3、今から教室を移動するのでこのままつないでいてね。

C 3 : ありがとう。

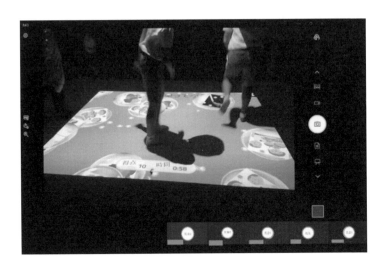

Ｃ２：Ｃ3、見える？

Ｃ３：見えます。ありがとう。

　Ｔ：全員が同じ場所にいなくても、オンライン会議で一緒に活動できること
　　　は素晴らしいですね。

Ｃ２：他の実践でもオンラインで一緒に学習しているし、場所が変わると見え
　　　ないと思ったので。

　Ｔ：C3から見え方などの意見も聞くといいですね。

Ｃ１：Ｃ3、画面から見て、気付いたことはある？

Ｃ３：フロアに映っている画像が小さかったり、暗めの色で、見にくかったり
　　　する絵もあったと思う。

Ｃ１：たしかに小さいイラストがあったね。

Ｃ３：黒っぽいイラストも、見にくいし、ちょっと怖いイメージになってしま
　　　うかも。

Ｃ２：手分けして、見やすいイラストを探そう。

こえる学びの姿

　学習する場が他へ移動になった際、これまで学習でのICT活用の経験
を生かして、タブレットPCのカメラを調整して、オンラインで参加して
いる仲間と一緒に活動する姿を見ることができました。

❹ 「こえる学びの拡張」につながる子供の姿

　子供たちの実践中の会話や学習の振り返りには「もし自分が病気になった
ら」と、自分のこととして考えた発言が多く見られました。そしてそのこと
は、自分だけの問題にとどまらず、クラスの人とも共有したいことへと広がっ
ていきました。自分が大切だと捉えた情報などを共有するための手段として、
資料の共同編集やグループ内でのチャットの会話など、自ら情報を共有するた
めに様々なICTを活用しました。そうした活動は「こえる学びの拡張」につ
ながっていくのではないかと捉えます。

保健

「海の命」

子供に「学ぶこと」「学び方」を委ねる学習

鈴木　秀樹

　立松和平の「海の命」は、6年生の国語教科書（光村図書）の最後に掲載されている物語文です。言わば「小学校国語の総まとめ」的な単元と言えなくもないでしょう。

　普通の学習の進め方としては「読んで捉える」→「考えをまとめる」→「考えを共有する」→「考えを広げる」、というようなことになるだろうと思います。今回もその流れ自体は変わらないのですが、その進め方の自由度を大幅に高め、子供に委ねる部分を大きくしたら、どんな学びが展開されるでしょうか？

　この観点から取り組んだ実践について紹介します。ICT部会の人間が書くのですから、ICTがポイントになるのはもちろんですが、この実践ではICTも含めた「学びの共通経験」が大きく効いてくることが見えてきたのでした。

1 「こえる学び」と「こえる学びの拡張」

　「個別最適な学びと協働的な学びの一体的な充実」が叫ばれています。これは「指導の個別化」と「学習の個性化」を学習者視点から整理した概念とされていますが、その実現は一筋縄ではいきません。特に「子供の興味・関心・キャリア形成の方向性等に応じ」「教師が子供一人一人に応じた学習活動や学習課題に取り組む機会を提供することで、子供自身が学習が最適となるよう調整」することは容易なことではないでしょう。しかし、子供が自分自身の学びを自分に合ったものに調整することは「こえる学び」の足場を築くことにつながるでしょうし、それらが「協働的な学び」と結び付くことで「こえる学びの拡張」が期待できます。そこで、「個別最適な学びと協働的な学びの一体的な

充実」に真正面から取り組んでみました。本実践は ICT 部会の考える「実践」「往還」にあたります。

② 「こえる学びの拡張」を視野に入れた学習環境デザイン

（1）単元はじめの宣言

1回目の授業では、スライドを見せながら、次のようなことを子供に話しました。

「これまで物語文を読むときは、まずは本文を読み、課題に沿って考えをまとめ、友達と共有して、考えを広げたり、深めたり、ということを行ってきました。課題は、君たちが振り返りに書いたことから僕が大切なところをピックアップして設定することが多かったと思います。まとめ方も僕が指示していたし、友達と共有するやり方も指定していました。

今回の単元でも『読む→課題に沿って考えをまとめる→友達と考えを共有する→考えを広げる』という学習の筋道は変わりません。でも、その自由度は大幅に高めます。

どんな課題を作ればいいか、どんなまとめ方があるか、どんな考えの広げ方があるか、君たちはもうたくさん経験しています。だから、課題は自分で考えてください。考えをまとめる方法も自分で考えてください。友達と共有する方法も、そこから考えを広げる方法も自分で考えよう。

そして、この単元が終わったとき、君たちは、たくさんある『学び方』『学ぶこと』の中から、自分はどれを選び、どんな力をつけたのか、明らかにできるようにしよう」

これには、筆者の様々な（良くも悪くも）冒険的な実践に散々付き合わされてきた子供たちもさすがにぎょっとなっていました。

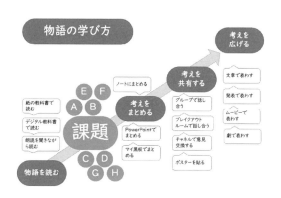

（2）「学び方」の決定を子供に委ねる

つまり、「何を学ぶか」「どうやって学ぶか」「学びをどう共有するか」を自分で決めなければならない上に、その結果「どんな力をつけたか」を言えるようになりなさい、ということです。

後で詳しく書きますが、「これをできるだけの素地は整えてある」と考えてはいましたが、子供にとってはかなりハードルの高い学びであることは間違いのないところでしょう。とは言え、本気で「個別最適な学び」と「協働的な学び」の一体的な充実を図ろうと考えたら、これくらいのことにはならざるを得ないと考えたのでした。

③ 実践

（1）中間発表会での意見交換

かくして、各自がそれぞれの興味・関心に応じて設定した課題に取り組んだわけですが、まだ完全に答えが固まっていない段階で、ランダムに組んだグループに分かれて中間発表会を行いました。あるグループ（このグループでは共有のやり方を「ブレークアウトルームで話し合う」と選択していました）では、「太一は大人になってからはどのようなことを思いながら魚を取ったのか」という課題についての考えを発表する子供がいて、以下のような話し合いが行われました。

C1：私の課題は「太一は大人になってからはどのようなことを思いながら魚を取ったのか」という課題です。「太一が海に対してどのような思いを抱いているのか」というのを参考にしてまとめてみました。太一の父と与吉じいさは漁師だったでしょう？「千匹に一匹で良い」とか、「不漁の日が続いても海の恵みだからな」といった、欲を持っていない。あくまでも常に魚とか海の豊かさに感謝しているから、太一も、その父とか与吉じいさと同じように影響されて、海に感謝しながら魚を取っているのかなって思いました。

あとは、ここには書かなかったのだけれど、クエに会ったでしょう？　その時に「お父、ここにおられたのですか。また会いに来ますから」ということは会いに来るつもりでしょう？　だから、父にまた成長した姿を見せ

られるように努力しているのかなと思いました。

だから私は太一は大人になっていくのに合わせて、お父さんに会わせてくれたし、自分の生活を支えてくれてる身近な海とか魚たちに感謝しながら魚を取っているんじゃないかなって思いました。はい以上です。

C2：おお（拍手）。

C1：ありがとう。質問など、お願いします。

C2：ちょっと待って。考える。

C1：はい。

C2：その課題に対して、父と与吉じいさで分けて考えているところは本当にすごくいいなって思ったし、あと本文からも抜き出しているけれど、自分の考えもまとめて書いてて分かりやすいし、まだ書いてないことを発表しているときに言っていたから、すごいなって思いました。

C1：ありがとうございます！

C3：226ページの4行目に「20キロぐらいのクエを見かけた」と書いてあって、その後に太一は「興味を持てなかった」と書いてあって…。20キロぐらいのクエを見かけたときも、もし（海や魚たちに）感謝してるのだったら普通は「ありがたや、ありがたや」みたいになるんじゃないですか？　また、ここに「追い求めているうちに夢は実現する」って書いてありますよね。ということは、120キロぐらいある超でっかいクエにしか興味がなくて、ただのでっかい魚とかちっちゃい魚にはもう興味を持ってないってことじゃないですか？

C1：そうか。海全般ではなくて、巨大なクエだけに興味があったのか？

C3：自分の考えだから、あれなんだけど。

C1：はい、ありがとうございます。これを参考に、もうちょっと頑張ってまとめたいと思います。

一 太一は自分の生活を支えてくれ、また様々な経験をさせてくれた海や魚たちに感謝しながら取っている。

（2）自分の考えを更新する

　このブレークアウトルームでの話し合いを通して、C1 は C3 の指摘を受けて、考えを大きく揺さぶられたわけです。

　中間発表が終わった後、そこからまた本文を読み直し、それぞれの場面で主人公がどのような想いを抱いていたのかということを考えて、自分がまとめていたマイ黒板を更新していき、最終的には左図のような結論に至りました。

　中間発表会で「太一は海全体に対して興味とか感謝とかの気持ちを持っているわけではないのでは？」と自分が思っていなかったことを指摘されたことで、もう一度深く考えて自分の強い意見ができた、ということでしょう。

　この子供の場合は「学習者用デジタル教科書を活用して考えをまとめる」「ブレークアウトルームで自分の考えを共有する」「友達から意見をもらって自分の考えを更新する」「再び学習者用デジタル教科書を活用して最終的な自分の考えをもつ」という流れになったわけです。

　ほとんど絵に描いたような「個別最適な学びと協働的な学びの一体的な充実」が成立した事例と言っていいのではないでしょうか。

```
一　最終的な意見
太一は、父が還った海の命とも言えるクエに見守られながら、クエに成長した姿を見せられるように、意気込んでいる。
また、自分を成長させてくれる機会を与えてくれる海やクエに対して感謝している。
また、父や与吉じいさのように堂々と自分らしく海で生きようと思っている。
```

⚑ こえる学びの姿

　自分が最初に持っていた解釈を、友達からの意見を受けて考え直し、より強い意見へと昇華させられた場面。協働的な学びによって自分自身をこえた瞬間と言えるでしょう。

④ 「こえる学びの拡張」につながる子供の姿

　C1 は、最初の授業の後の振り返りで、今回のような単元の進め方を「初め

て行う形式で、不安です」と書いていました。しかし、単元後に書いた振り返りでは、「『学ぶこと』を自由に決められる」ことは「まあまあ自分に合っている」、「『学び方』を自由に決められる」ことについても「自分に合っている」と答えています。そして「どんな力がついたのか」については、「根拠を探して、自分の意見を確かなものだと主張する力。友達とは価値観とか感じ方が違うので、全く一緒な意見になったり、真逆になったりすることを理解し、受け入れる力」と書いています。

この単元の進め方は、初めてで不安はあったものの、「何を学ぶか」「どうやって学ぶか」といったことを決めながら学習を進め、自分で選択した方法で友達と考えを共有しながら自分の考えを更新していくうちに、このやり方をよしとするようになったわけで、単元を通して「こえる学び」が拡張されたと考えていいのではないでしょうか。

ところで、こうした「学ぶこと」「学び方」を子供に委ねるような授業を行う上で、授業者にとって必要なことは何でしょうか。

まず、多種多様な学び方をする子供たちの学びを正当に評価しようとする態度が必要でしょう。皆が同じような学び方をしていれば、評価のポイントも自ずと定まってきます。しかし、一人一人が違うことを違うやり方で学んでいるわけですから、どこで評価するか、どうやって評価するかも違ってきて当然です。それは、何の工夫もしなければ、単純に教師の仕事量を増やすことにもつながります。それを乗り越えて「子供たち一人一人の学びをきちんと評価しよう。そのために何をすればいいだろう」と考える態度が必要だろうと思います。

また、そこにもつながりますが、「ICTをどう活用するか」を常に模索していくような姿勢も必要と考えます。「学ぶこと」「学び方」を子供に委ねるということだけで言えば、別にICTを活用しなくてもできないことはないでしょう。探せば、そういう実践例もあるかもしれません。しかし、こんな複雑な情報量の多い実践をICTなしにやれるでしょうか？　私はやる気になりません。5年前ならともかく、今は子供たちの手にクラウドにつながったタブレットがあるのです。これを使わない手はありません。

「学ぶこと」「学び方」を子供に委ねるためのキーワードは、やはり「ICT」なのです。

第 3 章

ICT 活用事例 & 小金井小の一年

話し合い活動を活性化！
ブレークアウトルーム

① コロナ禍でひねり出したアイディア

「海の命」の実践（P.150）では教室内オンライン会議のブレークアウトルーム機能を使いました。これは協働学習を活性化させる可能性を秘めている技術ではないかと考えています。と言っても、この手法は苦し紛れに編み出したものでした。文科省の「学校における新型コロナウイルス感染症に関する衛生管理マニュアル」に、「感染症対策を講じてもなお感染のリスクが高い学習活動」として「児童生徒が長時間、近距離で対面形式となるグループワーク等」が挙げられていたわけですが、これをそのまま受け取ると、話し合い活動ができなくなってしまいます。それでは授業になりません。そこで考えたのが教室の中でオンライン会議を開き、そこに全員が入ったところでブレークアウトルームに分けるという手法です。これは非常に有効な方法でした。

② ブレークアウトルームのコツ

見た目はなかなかに不思議です。傍目には教室で全員がベラベラとおしゃべりしているだけにしか見えない、いや、みんな前を向いて座って独り言を言っているだけにしか見えない不気味な光景なのですが、実は話し合い活動をしているのですから。

コツはいくつかあります。まずはブレークアウトルームで何を話し合うのか、課題を明確にしておくこと。また、その課題が「ブレークアウトルームで話し合うことに適した課題であること」も必要でしょう。話し合いながら「これ、別に直接話せばよくない？」と思ってしまう課題ではうまく進みません。

具体的には、共有画面上で文書やスライドを作っていく（できれば共同編集する）ものが適していると思います。また、チャット機能が活きるような活動（見つけてきた資料をすぐに共有したい等)が入っているとなお活発になります。

③ ブレークアウトルームの効用

オンライン授業を始めたときも「この子、教室だと静かなのにオンラインだと積極的だな」と感じる子はいましたが、ブレークアウトルームで話し合いをさせると、それがさらに顕著に現れるようになりました。

対面だと、周りのよく話す子に押されて黙ってしまうことが多い子も、ブレークアウトルームだと順番がきちんと守られ、自分が話している間は他の子が静かに聞いてくれるので、とても話しやすそうです。「ブレークアウトルームだと緊張しない」ということが、多くの子供の振り返りに書いてありました。

おまけにスライドを共同編集しながら話し合いを進めれば、話し合った結果を目で見て確かめることができます。「話し合うだけだと、何を話し合っているのかが分からなくなってしまう」という子供にとっては、視覚的な手がかりがあることは大きな助けになるでしょう。

慣れてきた子供は、チャット欄も上手に使うようになってきました。話し合いをしている最中、自分が見つけてきた資料をみんなにも見てほしいとき、チャット欄に URL を貼るようになったのです。

④ 乗り越えやすいステップ

話し合い活動に困難を抱えている子供は、実は少なくありません。「主体的・対話的で深い学び」を目指して、子供がお互いに影響し合いながら学ぶ姿はどこの学校でも見られますが、よく観察すると「話し合いによって学び合っているように見えて、実は話についていけていなくて、その時間を何とかやり過ごそうとしているだけ」という子供を目にすることが少なくありません。そんな子供にとって、話し合いについていったり内容を理解したりするための手がかりにあふれたブレークアウトルームでの話し合いは、「話し合い活動を通じて学ぶ」ための乗り越えやすいステップなのではないでしょうか。であるならば、これを活用しない手はありません。

（鈴木　秀樹）

まとめの表現活動を ICT で

① 社会科単元学習における、まとめの表現活動

　社会科の単元学習では、単元の終わりにそれまでの学習を振り返り、分かったことや考えたこと、自分の意見などを構成して「まとめの表現活動」を行うことが多くあります。ひと頃は、表現方法がパターン化していたこともありましたが、近年は、学習内容に即して、振り返りを有効的に行える方法が模索され、様々な形式でのまとめの活動が行われています。例えば、教科書の例示でも、調べて分かったことを「リーフレットにまとめよう・カードで整理しよう・キャッチコピーを考えよう・流れ図に整理しよう・関係図に整理しよう」等が挙げられています（教育出版 5 年生教科書より）。単元のまとめの活動ですから、一つ一つの学習内容を個別に扱うのではなく、関連付けたり抽象化したりしながら単元の学習問題の解決に迫る活動をねらいとしています。

　このような「まとめの表現活動」を「1 人 1 台タブレット PC」を活用し、ワープロソフトやプレゼンテーションソフトを使って表現する活動に挑戦しました。ICT 活用の表現活動には、様々なメリットがありますが、以下の 2 点が児童の作品づくりにとって大きな有用点と考えられます。

・文章の修正や文言の強調等を後から行うことができる。

・絵図や写真などをレイアウトを考えながら貼り付けることが容易に行える。

　しかし、考慮しなくてはいけない点もあります。一つは、ソフトの「慣れ」について個人差が大きいことです。普段からキーボード操作に親しんでいたり、ワープロソフトを活用していたりする児童にとっては、「手書き」で表現するよりも容易に活用することができます。反面、文字を入力するのにも苦労したりワープロソフトの機能を知らなかったりする児童にとっては、ソフトを使用して表現すること自体が苦痛となる場合があります。そのため、基本的な使い方の習熟の機会を設けたり、クラスメイトの習熟者に教えてもらえる関係

づくりに留意したりすることが大切です。もう一つは、デジタル情報の扱い方についての指導です。手書きでの表現の際にも、引用や参考についての方法や表示について指導を行いますが、デジタルデータでの作業が容易に行えることで、「安易に」資料や写真をコピーして、自分の表現に貼り付けてしまうことが往々にしてあります。出典を明らかにすることや、自分で考えた内容と資料などを調べて得られた情報を区別することなどを指導する必要があります。

② プレゼンテーションシートのテンプレートを活用して

　ICT を活用した表現活動の有用な点を発揮し、考慮しなくてはいけない点に対応しながら、5年生国土単元「自然条件と人々のくらし」について実践しました。まず、プレゼンテーションソフトの機能に慣れ、レイアウトのイメージをもたせるために、シート1枚分の「テンプレート」を用意し、電子黒板に示しながら説明しました。本実践が多くの児童にとって、プレゼンテーションソフトを使用した表現活動は初めてということで、とても親切なテンプレートを用意しました。これをもとに、文章の入れ方や資料・写真の差し替え方、各自の名前を付けての保存の仕方等について指導し作業に入りました。それでも、仕上がった作品にはまだ個人差が大きいですが、このような活動を繰り返していくことで、自分の言いたいことを効果的に表現できるように育んでいきたいと思います。

（牧岡　俊夫）

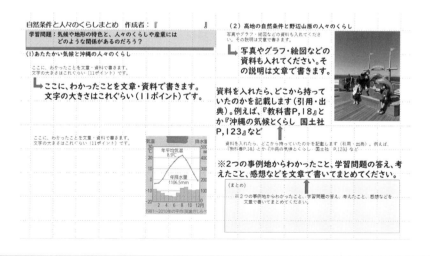

「数学的な見方・考え方」を
ICT で共有！

① 活用の経緯

　子供の数学的な見方・考え方を日常的に評価し、指導に生かしていきたいと考え、子供の言葉を掲示する取り組み「ことバンク」を行ってきました。

　授業の中の子供の数学的な見方・考え方に関わる言葉を、教師が即時的に価値付け掲示してきました。既習場面が想起しやすく、価値付けられた子供の意欲も高まる、教師の数学的な見方・考え方に対するアンテナが育つなど一定の効果が見られました。ここでの評価は教師が行います。

　さらに、評価を行う者に、子供を加えてできないかと考えた実践が写真1とです。

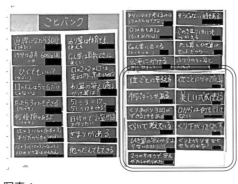

写真1

　写真1の白字は教師、黄色（囲み）の字は子供が評価した言葉です。授業の中で、子供が即時的に友達の発言に対して評価するのです。上から下に2列ごとに時系列で貼っていますが、子供の評価を認め始めたところ、多くが子供の評価になっています。教師が、価値付けるより先に、子供が評価をし始めました。これは、とても大きな成果でした。つまり、子供自身が常に、数学的な見方・考え方が出てこないか、授業中にアンテナをはっているのです。ただし、課題もあります。即時的な評価のため、全員が評価をしているわけではなく、数学的な見方・考え方に対するアンテナの高い子供が行っているのです。この感度が多くの子に高まるように全員が評価する場も必要です。

2 見方・考え方を Teams に投稿してためていこう！

写真2

これまで行ってきた取り組みを Teams のクラスのチャネルに投稿（写真2）するようにしています。投稿の仕方は、授業で子供たちが「今の○○さんの言葉を、ことバンクに入れよう」と合意した言葉を、発言した子が投稿していくようにしています。

現在は、学期ごとにチャネルを分けています。「単元で分けてみては？」など同僚の助言もありました。多くのことバンクは、単元を超えて働く見方・考え方となっていきます。子供たちと相談しながら作るのもよいです。

3 ICT の効果として

Teams に数学的な見方・考え方を投稿する取り組みを行った良い点を3点挙げます。

1つ目の良い点は、投稿した人、日付、時間が記録されているということです。関連するノートや板書などをすぐに振り返ることができます。掲示された文脈のない言葉ではなく、その過程が想起しやすいことも大切な要素です。

2つ目の良い点は、1人1台タブレットの活用として、子供たちがいつでも、どこでも見ることができる点です。

3つ目の良い点は、教師が作成した掲示物ではなく、子供たちが作っている「見方・考え方」のチャネルになっていきます。投稿に対して返信をしたり、👍をつけたりすることもできます。

子供たちからは、「国語や社会など他の教科でもことバンクを作りたい！」と他教科における見方・考え方に目が向き始め、国語ことバンクも始めました。

現在のものを完成版とせず、子供たちと共に、修正したり、バージョンアップしたりしてさらに効果のあるものにしていきたいと思います。

（尾形　祐樹）

モンシロチョウと Teams 会議しよう！

① モンシロチョウの羽化観察 ～3年「昆虫の育ち方」の実践～

6月頃、小金井小学校の畑（学級園）のキャベツの裏に小さな卵が…！これはモンシロチョウの卵です。学級で大切に育ててサナギになり、羽化の瞬間に立ち会おうということになりましたが…。どうやら、休日に羽化する日程で、みんなで羽化の瞬間を立ち会えなくなりそうでした…。そこで行ったのが、モンシロチョウと子供をつなぐ「モンシロチョウと Teams 会議」でした。

モンシロチョウの卵
（〇の中）

準備は簡単です。モンシロチョウとオンラインでつながれるようにパソコンの画角を合わせます。Teams のビデオ会議を設定して、教員も退勤しました。そして、日曜日の朝、モンシロチョウが無事羽化し、何人もの子供がその羽化の様子をオンライン上で見ることができました。

セッティングの様子

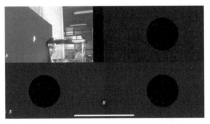

モンシロチョウとの Teams 会議は画面オフ、音声ミュートで！

日曜日の朝、モンシロチョウがついに羽化しました！

② さらなる活用へ～ナミアゲハの蛹化・羽化観察～

モンシロチョウの羽化が観察できただけでなく、画面の右下で子供からの要望でナミアゲハの幼虫も観察していました。すると、日曜日の朝にナミアゲハがサナギの前段階である「前蛹」の状態になっていたのです。そこで始まったのが、「ナミアゲハの蛹化観察」です。画角を修正して、観察していきました。

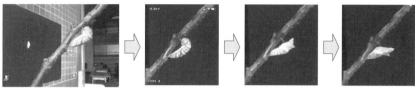

ナミアゲハの前蛹の様子　　しわが出てきました　　サナギの形になってきて…　体をくねらせました！

朝、前蛹になったナミアゲハは、その日の夕方には、サナギになりました。時間ごとに変わるその様子はとても神秘的でした。10日後、授業中でしたが、ついに羽化しました。

ある子供が、「このサナギの殻を、クラスの宝物にしよう！」とみんなに呼びかける姿が見られました。

教室は大盛り上がり！

③ 学ぶのは授業中だけじゃない

休み時間にもかかわらず、一生懸命に羽化したアゲハをスケッチする子供がいました。生命の尊さ、美しさを肌で感じ、進んで学習する姿は、アゲハの羽化と同様に感動した瞬間でした。自ら前のめりになって学習するのは、授業中だけでなく気持ちを大きく動かされたときだと感じました。このような姿が表出されるように、今後も日々の教育活動に尽力していきたいです。

（小林　靖隆）

休み時間にもかかわらず、スケッチをする子供の様子

聴く、つくる、共有するを
もっと便利に！

① 音楽ファイルを共有して聴く

　教材曲の音楽ファイルを Teams に投稿し、子供たちがいつでも自由に聴けるようにしました。これまでの鑑賞の授業では、全員が一斉に同じ演奏を聴くことが多かったですが、Teams 上で個別に聴くことで、気になるところを戻って繰り返し聴いたり、途中で止めて考えたりと、自分のペースで聴けるメリットがあります。合奏の模範演奏などは、子供が個人で必要に応じて授業中に聴き直すことで、効率的に練習を進められるようになりました。授業後には、その時間の演奏の録音や録画を投稿することで、子供たちが演奏の出来ばえを振り返ったり、次時の活動計画を立てたりする際にも役立ちました。

② 音楽づくりはアプリを活用

　Chrome Music Lab（無料の web アプリ）を活用し、つくった作品を Teams に投稿することで、「音楽をつくる」「提出する」「聴き合う」がすべてパソコン上でできます。アプリで音楽づくりをすることには様々なメリットがあります。従来の音楽づくりでは、つくった作品を自分で演奏しなければならず、演

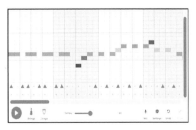

Chrome Music Lab の「Song Maker」の画面

奏が苦手な子にとってはハードルが高いものでした。アプリでの音楽づくりでは、つくったものをアプリ内で再生してくれるので、つくった作品を演奏できないということがありません。また、音を選んで並べることが簡単な操作でできるので、つくったものを聴いて、修正して、また聴いて、と試行錯誤しながらつくることを容易にします。さらに、アプリによっては、つくった作品を音

楽ファイルや URL で保存できます。そこで、つくった作品を Teams に投稿することで、友達の作品を鑑賞して「いいね！」やコメントをしたり、友達の作品をアレンジしてつくり変えたりと、子供同士の交流も活発になります。

　子供たちは1人1台パソコンを支給されているので、音楽の授業時間に縛られずにつくれるところも魅力です。子供が休み時間や家でつくったものをその場で提出し、すぐに聴いてコメントすることができます。Teams の投稿には、授業以外でも継続して活用する事例が多数見られました。

友達の作品をアレンジして投稿した事例

③　課題の共有、振り返りは Forms で

　授業の振り返りには Forms を使います。Forms で集計した結果は Teams で共有し、子供たちがいつでも見られるようにします。「できばえ」など選択肢を用いて数値化できるものは円グラフで示せるので、クラス全体での分布の比較が簡単にできます。授業では、これらの振り返りの結果をもとに、子供たちが前回との出来ばえを比較したり、その時間の練習計画を立てたりしていきます。文章で記入した詳細なコメントは Excel で一覧にできるので、これまで紙に印刷して配っていたものが必要なくなり、振り返りの共有が便利になりました。

（忰山　恵）

2. 今日の合奏の(個人の)できばえはどうでしたか？ (0 点数)

詳細

- とてもよくできた　　　13
- まあまあできた　　　　16
- あまりできなかった　　2
- できなかった　　　　　1

できばえを集計した円グラフの例

オンラインで広げよう　鑑賞術

① 生活と図工とをつなげる

　近年、美術館の HP にアクセスすることなどで、授業で活用できる美術作品が増えていっています。それ以外にも、小学校では子供の生活の中で身近なものの鑑賞が大切です。

　令和 2 年の全国一斉休校により授業が行えなくなってしまったとき、Teams を活用することで子供たちが家にいながら、生活の中の色や形を感じられる工夫をしてきました。下の写真は色相環を Teams で紹介した後に、ある子が、家にあるものを使って色相環をつくり出したものです。オンラインでも子供たちの生活の身近にあるものから色や形に着目をし、つくる、並べる、組み合わせるなどの活動を支援していくことができます。学校や教室だけではなく、子供たちの生活の周りには色や形があふれています。そのことに目を向けさせることが大切です。

② オンラインによる ビジュアルコミュニケーションでの対話

　ICT を活用することで、鑑賞作品を並べて比較したり、拡大してみたりするなど鑑賞の方法が増えてきました。例えばフェルメールの作品でも同じ構図のものを並べて違いについて意識をすることで、一作品だけを見ることよりも大きな鑑賞の効果を得られています。そして、一言感想を書いて友達との意見

交流をすることで互いの見方や感じ方を知ることができます。対話での鑑賞は批判的思考力や論理的思考力を伸ばすと言われています。特に作品を見ながら語り合うことで、言葉での交流と合わせて色や形といった視覚情報を活用したビジュアルコミュニケーションの力を伸ばしているということについて、教員が意識していくことが大切でしょう。Teams はオンラインによる知らない他者とのコミュニケーションではなく、学校の教室空間で日常的に顔を合わせているよく知る友達との交流です。これは学級内での友達同士、思いや考えを伝えたり、受け取ったりするための協働の手段が増えているということでもあります。鑑賞や共同制作の活動で、タブレットに表示された Teams を前にして、音声言語と文字言語とを併用し、時にイラストも使い、美術作品を深く読もうと対話をしていく姿が見られました。

③ 学びの履歴という美術館

造形遊びでは活動終了後に作品として形が残せないことが多くあります。例えば右の写真は泡を使った造形遊びで、授業の終わりには洗い流さなければなりませんでした。活動の様子やつくったものを写真に撮影しておくことも行ってきましたが、それを図工室や教室で掲示しておくことにも場所の限界がありました。しかし、Teams を活用することで、活動の軌跡を、効率よく長く残していくことが可能になりました。活動履歴はそのまま学習の履歴として振り返る機会にもなりますし、自分たちの絵や立体の作品を互いに鑑賞するための美術館としての機能ももちます。特に造形遊びでは自分の活動に夢中になり、互いの活動内容を知らない子が多いです。子供たちが自分で活動してつくったものの写真を撮っていき、活動内容を共有する場としての効果が得られています。

（守屋　建）

ビフォーアフターが一目瞭然！

① 記録を残す

　家庭科では、体験的な活動を通して学習していきます。しかし、体験のみを重視して学習の履歴を残さないでいると、後から学習を振り返ろうとしたときに、何をしたか、どのように変わったかを比較しづらいということがよくあります。そのため、自分たちが行ったことを視覚的に記録するために、ICT を活用していくことが有効です。本実践でも、PowerPoint で作

成したポスターに快適にする場所の実践前後の写真を記録することで、自分たちの取り組みを分かりやすく理解できるようにしています。

② 自分の学びを友達へ

　友達と学びを共有したいときにも、ICT を活用していくことができます。課題の解決に向けた実践の途中に、子供たちが ICT を活用している場面もありました。

　このポスターは、ある子が Teams と Forms を使ってクラスの友達からのアドバイスを生かして作成したものです。教室の黒板をクラスのみんなが使いやすくするために、実践中に使用目的や自分が行った工夫について意見をもらっ

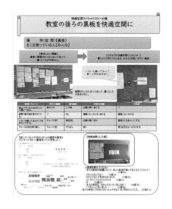

ていました。意見をもらう際は、実践前後の写真を添付することで、他の場所で活動を行っている友達でも、写真から工夫点を読み取って、アドバイスをし

【使っている人やまわりの人の感想や意見】
アンケートで　意見をいただきました！

1. 後ろ黒板をきれいにしたら、よくなりましたか？

25
回答

★★★★☆
評価の平均 4.04

2. 後ろの黒板は、どんな時に使いますか？

20
回答

あまり変わらないけど、　新聞や、新聞などを見ているか
「休み時間・代表委員の新聞をはる」

8回答者 (13%) この質問に 掲示物回答しました。

お絵描き　掲示物　紙　勧誘　物事　興味
休み時間　掲示物　　人　アンケート
新しい　　　　するとき　お知らせ　宣伝
わたくし

Teams と Forms を使って、友達からの
意見を集約

これも参考に答えてください。

同じ位置から撮影すると、
変化が分かりやすい

たり、工夫を共有したりすることにつながっていました。

③ さらなる活用へ

　今回のような実践だけでなく、被服製作では、毎時間ごとに製作物の写真を撮って記録をしておくことで、子供たち一人一人の進度や出来ばえを教員が把握しやすくなり、個々に合わせた支援を行うことができます。子供たちも自分の取り組みが目に見える形で分かるので、だんだん作品が出来上がっていくことで、やる気も高まってきます。

　また、調理実習の際に自分が作ったものを写真に撮っておくことで、学習履歴を積み重ねていくこともできます。以前に作ったものと比較をして技能の上達を実感したり、友達のものと比べて自分の調理を振り返ったりすることもできます。ゆで野菜サラダの調理実習では、自分が考えた切り方で作ったものと友達のものを比較し、細かく切りすぎて食べづらくなったことに気付いて、目的に合わせて切り方を選ぶことの重要性を実感する場面もありました。このように、比較することで子供たちが取り組んだ実践の成果が一目瞭然となります。

（西岡　里奈）

タブレットでの振り返り活用術 !!

① 振り返りの時間設定の工夫！

1人1台タブレットの時代となり、子供たちも手軽に ICT を活用できる環境になりました。自治体によって使用しているアプリは異なりますが、本校では、Teams を使用しています。今年度より Teams を活用して体育の振り返りを行っています。あらかじめ Word 等で作った学習カードを体育があった日に家で振り返ってもらっています。

限られた45分間の中で運動量を減らさずに、振り返りをするには全員で話し合う時間に割り当てることが重要だと考えます。授業者は、子供たちが授業でどのようなことを考えていたのかを把握し、次時の指導に生かすことができます。また、全体の話し合いで取り上げられなかった子供の思いに、個別に対応することができ、一人一人が学習課題に向かって解決方法を導き出すための支援をすることができます。

（隈部　文）

○実際の提出画面

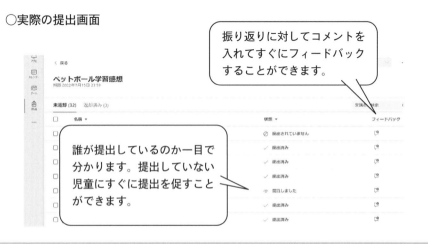

振り返りに対してコメントを入れてすぐにフィードバックすることができます。

誰が提出しているのか一目で分かります。提出していない児童にすぐに提出を促すことができます。

○実際の児童の学習カード

〈学習カード〉３年生「鉄棒」「とりトリ GO ！！」の学習より

第4時
ひざ掛け回り（後ろ）は、「ひざを後ろにスライド
させると出来るようになるよ」と、教えてもらった
のですぐにやってみたらスムーズに回れるようにな
ったので、やっぱりコツは大事なのだなと思いまし
た。

第5時
最後につづけて上がりわざ、回りわざ、おりわざ
やったらリズムにのれたので普段のときよりも全
がうまくできたので落ち着いてゆっくり回った方
いいのだなと思いました。

鉄棒学習カード.docx
受講者ビューでアクションを取る
フィードバック
いきおいをちょうせつするのです
ね。どこでそうするのか教えてあ

> 友達と教え合いを活発にし、
> 自分なりのコツを見つけてい
> ることが分かります。組み合
> わせ技ができていたので、ク
> ラスの共有フォルダに動画を
> アップロードすることを促し
> ました。

第5時
ひざかけしんどうおりの時に〇〇さんがピースをし
ながらだんだん下から上に上がっていってくれたの
で、〇〇さんの顔を見てふったので、少しふれるよ
うになりました。

第6時
できるようになったわざが二つあります。それ
ひざ掛け回り（前）とかかえこみ回りです。（
れ！）
先生がかけてくれた言葉のおかげで、けがの痛
ふっとんで行きました。（おしりにうつってしま
たかも!?）

鉄棒学習カード.docx
受講者ビューでアクションを取る
フィードバック
できないと言っていたけれど自分
で体を回すことができていたの
で、ほとんどほしょもいらなかっ
たですね。そこまでできるように
がんばりましたね。おしりもいた
くないといいですね。

> 技の習得につながっていな
> かったので第６時に技に取
> り組む様子を見てアドバイス
> をしたら、すぐ技ができるよ
> うになりました。

第4時
質問　守りタグをゴールの近くでとった時２メート
ル離れたら相手にゴールされてしまうのは、あきら
めるしかないのですか❓

ゴーゴー☆ゴール！！学...
受講者ビューでアクションを取る
フィードバック
それはみんなにかくにんした方が
いいことですね。2mははなれなけ
ればいけないですが、ゴール前をあ
けようとは言っていません。どう
はなれたらいいかな？近い場合は
せめの人たちも下がらないとダメ
ですね。

第5時
あまりボールをさわれない子は、シンボルの後ろにピッ
タリとくっつくと、ゴールできるようになると思う。なぜ
ら、シンボルがタグをとられた時にすぐボールをもらえ
から。

> ゲームをしている中で困った
> ことを、学習カードを通して
> 知ることができ、次時に全体
> で確認し、規則を変えること
> ができました。

導入ではテキストマイニング!!!

① まずは Forms で集計

　本書内の本実践でも行いましたが、道徳的価値や教材について授業を始める前に子供たちがそれらについてどのように考えているか感じているかを調査します。調査の仕方は色々ありますが、Forms を使用することで意見を集約することが簡単にできます。後で集約しや

すいように、「出席番号」「名前」の質問を設定することをおすすめします。調査の結果は Excel でまとめられます。

② 集計したものをテキストマイニングへ

　Forms を用いて集計した意見を学級の様子、個人の様子などさらに分かりやすいデータにしていきます。インターネット上には様々なテキストマイニングのソフトがあります。それらを使って、子供たちが書いた文章を視覚

として捉えやすいようにします。上の図をご覧ください。子供たちが答えたものを色で表現しています。ここまで完成すると導入での活用までもうすぐです。このテキストマイニングは授業の前に子供たちに聞いた「精一杯生きるとは?」の質問の答えをまとめたものです。「生きる」「思う」などの言葉が中心に書かれています。これを見ると子供たちは「自分と同じだ」「こういう考え方もあるんだ」と道徳的価値や教材の人物の生き方に興味をもつことができる

ようになります。低学年でも十分に可能な手立てです。むしろ低学年の方がテキストマイニングを珍しがり、よい反応をしてくれるでしょう。

③ テキストマイニングのさらなる授業での活用へ

道徳の授業では教師が教材から決められた発問を用意し、子供が教師の望む答えを言うといった展開になることがあります。道徳の授業が少しでも子供たち自身の気付きや問いで進んでいくようにテキストマイニングを使用しましょう。テキストマイニングでまとめた子供たちの言葉を導入では黒板に掲示してみましょう。「あの言葉が多いな」「あの言葉はどんな意味があるのかな」など子供たちから驚きや質問の声が飛び交います。ここが教師の活躍の場面です。「この中からみんなで考えたい言葉ある？」「この中から授業の中心で話し合っていきたいことある？」。こういった言葉によって子供たちの思考が動きます。このような問いに反応した子供たちの言葉を使って、授業を進めていくと授業に一体感が生まれます。

④ みんなで考えることができるように

テキストマイニングした言葉はプリントして子供たちに配布しましょう。手元に置かせることで、子供たちが自分たちの考えをより振り返りやすくなります。子供たちがじっくり読むことによって教師が見落としてしまっているものを子供たちが見つけてくれるかもしれません。道徳の授業でも深く考えるためにICTを活用していきましょう。

（遠藤　信幸）

道徳

ネット活用術でワンランクアップ！

英語の授業で扱う語彙や表現だけでなく実社会や現代的な課題とつなげた授業をすることで、子供たちの学ぶ姿勢が変わります。活用した団体とそのサイトを紹介します。ほかにも情報源はネット上にたくさんあります。ぜひ活用してみてください。

① JICA（国際協力機構）

JICA は開発途上国への国際協力を行う機関ですが、国内には北海道から沖縄まで 15 の拠点があり、それぞれに国際理解教育／開発教育支援事業が行われています。日本の教育現場で JICA の知見を活用してもらえるよう、①世界の多様性、②私たちと世界のつながり、③世界の課題、④国際協力活動、の 4 つについて教員研修や出張授業、教材の貸し出し等を行っています。また、映像教材も豊富にあります。ぜひ「JICA 国内拠点」と検索してみてください。

・JICA 東京のサイト：https://www.jica.go.jp/tokyo/index.html
・JICA-Net：https://www.jica.go.jp/activities/schemes/tech_pro/jica_net.html

② WWF（世界自然保護基金）

WWF は 1961 年に設立され 100 カ国以上で活動している環境保全団体です。人と自然が調和して生きられる未来を目指して、失われつつある生物多様性の豊かさの回復や、地球温暖化防止などの活動を行っています。WWF ジャパンもあり、地球温暖化を防ぐ、持続可能な社会を創る、野生生物を守る、森や海を守る、をテーマに様々な映像や情報がネット上に提供されています。

・WWF サイト：https://www.worldwildlife.org/
・WWF ジャパンサイト：https://www.wwf.or.jp/
・海を守る：https://www.youtube.com/watch?v=Idkd4Wy5oj4&t=3s

Flip でいつでもどこでも学び合い！

教育プラットフォームの Flip を活用することで、外国語の授業で大切とされる人との相互やり取りを伴ったコミュニケーション活動を非対面に行うことができます。さらに、児童のパフォーマンス評価としても形成的な評価、教室をこえて国境をこえてコミュニケーションをするツールとしても活用できます。

【Flip の特徴】Flip：https://info.flip.com/
①教員の管理のもと登録メンバー内での投稿でセキュリティーが高い
②動画の保存容量が無制限、保存期間も無期限
③操作が簡単で、低学年から活用することが可能
④PC 以外でも、携帯やタブレットでも利用することが可能
⑤管理者である教員が、各児童の動画に対し返信動画やコメントで対応可能
⑥管理者である教員が、児童の動画に対して評価を記録しておくことが可能
⑦共同管理者やゲスト登録等で、他校や外国の人との非同期型交流が可能
⑧動画にパワーポイントや写真を添付することができ、他教科でも活用可能
【子供の学び】
・自分の動画を見返すことで自分を客観的に振り返ったり、友達の動画を見ることを通して自分の姿を振り返ったり、「自己調整的な学びの姿」
・「英語の上手な友達の動画を見て、良いところを自分のプレゼンテーションに生かした」「友達からの返信で良いところを褒めてもらえて嬉しかった」など、「児童同士の学び合いの姿」
・休み時間や家庭で、練習や投稿をするなど、「授業外でも学びを継続する姿」
・実践を通して、「英語表現の向上」だけでなく、「非言語表現の向上」をする姿
・実践を重ねるごとに、コミュニケーションする際に「相手意識をもってコミュニケーションすることの大切さを振り返る児童の姿」　　　　（中村　香）

英語

入学式
―ピカピカのなでしこ新１年生！―

　桜が咲き乱れる４月の上旬。本校に新たな仲間たちが入学してきます。少し緊張した面持ちの新１年生を６年生が玄関で迎え入れ、教室へと誘導していきます。教室では６年生が華やかに仕上げた装飾や２年生が用意した学校生活を紹介する掲示物が新１年生を迎え入れてくれます。教室では、式が始まるまで６年生が絵本の読み聞かせをしてくれます。このときには緊張がほどけ、ニコニコと笑顔を見せてくれます。

　さて入学式が始まり、担任の先生を先頭に新１年生が体育館に入場していきます。体育館へ入ると上級生が演奏する「さくら」が入学式の厳かな雰囲気を作り出し、再び新１年生が緊張した表情になります。

　そして、この時緊張しているのは新１年生だけではなく、新１年生の担任の先生も緊張しています。なぜなら、担任の先生からの呼びかけで始まる点呼があるからです。小学校の入学式は、子供たちにとって、これから続いていく学校生活のスタートライン。その最初の瞬間を台無しにするわけにはいきません。名前を間違えないように、はっきりした声で、一人一人の顔を見ながら…。そうして呼ばれた子供たち全員の元気な返事を聞き終わって、初めてホッとすることができます。

　入学式はただ入学を祝うだけではなく、新１年生が自分のスタート地点をしっかりと心に刻み付けるための大切な機会となるのです。

（坂本　昌謙）

1年生を迎える会
―みんなは、なでしこの一員だよ！―

入学してから3週間。1年生が学校生活に慣れてきたかなというころ、本校では1年生を迎える会が開かれます。

当日の朝、1年生は迎えに来てくれた2年生とともに、各クラスの看板を持った3年生を先頭に音楽に合わせてグラウンドへと進みます。グラウンドへ入るころには4年生が花のアーチを持って迎え入れてくれます。それをくぐって校舎を見ると、2階のベランダには「入学おめでとう」の看板や各学年からの歓迎のメッセージが張り出されており、1年生の顔には自然と笑みが浮かびます。全校中が華やかに盛大に1年生の入学を改めてお祝いする場がこの「1年生を迎える会」なのです。

「1年生を迎える会」では、上級生からの迎える言葉や、委員会の学校紹介などがあり、楽しい時間が過ぎていきます。最後は2年生が1年生のときに育てていたアサガオからとった種のプレゼントをもらいます。教室に帰ってから一人一人がプレゼントをもらうのですが、中には2年生からのお手紙も添えられており、1年生は手紙にも感動する姿が見られます。

会の終わりには1年生が大きな声でお礼のあいさつをします。

「今日は、この会を開いてくれてありがとうございました！」

本校の「1年生を迎える会」では、全校一丸となって1年生の入学を祝います。そして、1年生もまた、なでしこの一員としての自覚を新たにするのです。

（坂本　昌謙）

一宇荘生活
―八ヶ岳の大自然の中で仲間と成長！―

　一宇荘生活の始まりは、本校の前身である豊島師範附属小学校の時代に遡ります。昭和9年に至楽荘（千葉県勝浦市鵜原湾）、昭和11年に成美荘（東京都東久留米市）が建てられ、一宇荘は昭和14年、神奈川県南足柄市箱根町の駒ケ岳山麓に建設されました。これが、いわゆる「三荘生活」の始まりです。その後、箱根が観光地として賑わい始めた昭和43年、新しい荘が長野県茅野市に建て替えられ、一宇荘生活が再スタートしました。

　一宇荘では登山やテーマ活動に取り組みます。テーマ活動とは、子供たちが追究したいテーマを決め、同じテーマを設定した子供同士がグループをつくり、テーマについて協力して調べるというものです。調べる対象は植物、昆虫、動物、石、水など様々で、「図鑑と照らし合わせて名前や特徴を調べたい」「虫網や虫かごを使って捕まえた生き物をじっくり観察したい」「タブレットを使って写真や動画を撮影したい」とテーマ活動に必要なものをそれぞれで考え、役割分担をして道具を持っていきます。「一宇荘は自然が豊かだ」という先入観のもとテーマ活動を行いますが、実際に調べてみると、小金井小周辺と共通する生物が多く生息していることに気付いたり、小金井小周辺にも豊かな自然が残されていることを再発見したりすることになります。一宇荘生活終了後、子供たちはテーマ活動で調べたことをまとめ、発表を行います。3年間継続して発表を聞いた保護者は、荘生活での子供の成長を実感するとともに、本校の教育への認識を深めてくださっています。

（坂本　昌謙）

なでしこ図書館
―豊かな学びの場―

　本校の学校図書館「なでしこ図書館」は、1階の玄関すぐにあり、子供がいつでも気軽に立ち寄ることができます。蔵書スペース、読書スペース、読み聞かせ等ができる多目的室で構成されており、3教室分の広さになります。約2万冊の蔵書を、学校司書と司書教諭、図書委員会担当教諭を中心にコンピューターで管理しています。シリーズ作品も充実しており、国語の学習を中心に有機的に関連付けた学習が可能です。図書委員も蔵書の整理をしており、貸出・返却も同時に行っています。朝や休み時間に自由に貸し借りができます。図書委員は、読書月間になると、本の歴史紹介などを行っています。

　全学年、週に1時間「図書」の時間が割り当てられています。学年、学級の実態に応じて読み聞かせやブックトークをしたり、NDC（日本十進分類法）の指導、図鑑や辞典の使い方などを学んだりしています。また、新聞や雑誌も扱っています。子ども新聞や小学生新聞が毎日手に入り、低学年の児童から読み慣れることができます。

　1人1台端末が支給されて以降、端末でも絵本や新聞、百科事典を読めるシステムを導入し、子供たちが読書に親しむ環境を充実させています。図書が各教科と結び付いて、子供たちの「こえる学び」に生かされています。

　本校では、保護者有志による図書館ボランティアとともに、図書館環境の整備・さらなる充実に努めています。子供や教員のリクエスト本や新刊を随時購入し、適時性のある学習に役立てています。なでしこ図書館という学習環境が、子供たちの豊かな読書生活、学習を支援しています。

（橋浦　龍彦）

至楽荘生活
―なでしこパワー全開！―

　至楽荘生活が千葉県勝浦市の鵜原湾で始まった
のは、昭和9年。当時の校長だった成田千里先生
（豊島師範学校長兼任）が「天下の英才を集めて
之を教育するのは天下の至楽なり」という教育理
念を掲げ、至楽荘での宿泊生活において全人的な
教育を行ったのが始まりです。

昭和9年以降、至楽荘生活が実施できなかっ
た年は、子供が疎開して東京にいなかった昭和20年の夏だけとされてきま
したが、コロナウイルス感染症対策により、2年ほど実施できない年が続い
ていました。

　全人的な教育を目指しているため、至楽荘生活では水泳練習だけではあり
ません。国語では詩や俳句づくり、社会では房総の地理や歴史、理科では地
層や星の学習が予定に組み込まれています。

　遠泳は、5年生が500mを15分、6年生は1000m
を30分で泳ぐことを目標に、最終日まで練習を行い
ます。波や潮の流れに負けることなく泳ぎ切ることに
加えて、まわりに気を配り仲間と協力し、隊列を乱す

ことなく整えながら泳ぐことも課題となります。このような遠泳を通して、子
供たちは自分自身と向き合い、ときにはまわりにいる友達を励ます内面の強さ
や他者意識を身に付けていきます。その際、自分や友達を鼓舞する「エーイ！
コーラ！」という掛け声が鵜原湾中に響き渡ります。子供たちは「仲間がいる
からこそ泳ぎ切ることができるんだ！」と、仲間のよさを実感することになりま
す。高学年の子供たちは、一宇荘と至楽荘での生活を乗り越えることで、教育
目標の一つである「強くたくましい子」となることができるのです。

（中村　優希）

教育実習
―緊張と成長の日々―

　本校を含めた附属学校の目的の一つに、「教育研究に基づいて教育実習生を指導する教育実習校としての役割」があります。そのため、年3回、計8週間にわたる教育実習があります。本校では、毎年約150名の学生が、教育実習を行います。子供たちは「今年はどんな先生が来るのかな」と、毎年心待ちにしています。

　どの学級にも一度に5名前後の教育実習生が配当されます。子供たちは休み時間になると、「ドッジボールしよう！」「一緒にサッカーしたい、勝負しよう！」など、教育実習生を我先にと教室から連れ出そうとします。教育実習期間の休み時間は、いつ

にも増して子供たちの声がグラウンドに響き、たくさん汗をかいて笑顔で教室に戻ってきます。

　そして、実習生にとっての教育実習の最大の目的は、やはり授業実践です。懸命に教材研究をし、検討を重ねた学習指導案をもとに、子供たちと授業に臨みます。子供たちに発問や指示がうまく伝わらずに慌てふためいてしまったり、思いもよらない子供の発言に頭が真っ白になったりすることもありますが、そうした経験を重ねながら教育実習生は成長していきます。

　全力で熱意あふれる教育実習生と出会えるこの期間は、子供たちにとっても、小金井小の教職員にとっても、大きな財産となっています。

（橋浦　龍彦）

なでしこ運動会
―三色対抗！一致団結！―

　本校運動会の最大の特色は、三色対抗にあ
ります。1組が赤、2組が青、3組が黄の3
色に分かれ、各クラスが学年の枠をこえて一
致団結し、優勝を目指します。

　子供たちが出場する種目は、かけっこ・短
距離走、団体競技、団体演技の3種目です。かけっこ・短距離走は、1年生
が40m、2年生が50m、3・4年生が80m、5・6年生が100mと発達段階に
よって距離を変え、2年生以上が得点種目となります。1・2年生は直走路、
3年生以上は曲走路を走ります。1年生は、自分のコースをまっすぐに走る
ことさえ難しいのですが、高学年になると、内側に体を傾けてカーブを走れ
るようになります。

　団体競技は、原則として1年生が「玉入れ」、2年生が「大玉ころがし」、
3年生が「台風の目」、4年生が「棒引き」、5・6年生が男女別の「騎馬戦」
を行います。細かいルールの変更はあるものの、毎年同じ種目を扱っている
ので、子供たちは見通しを持って取り組むことができます。

　団体演技は、6年生は毎年「組体操」を
行います。他の学年は発達段階を考慮し、
民舞・ダンスなどのバラエティに富んだも
のになるように全体で調整し、特色や個性
を大いに発揮できるように工夫しています。

　本校の運動会では、5・6年生全員が係活動として役割を担い、企画や運
営に携わっています。責任をもって主体的に活動する姿は、運動会を陰で支
えるだけでなく、下級生の手本となっています。

（中村　優希）

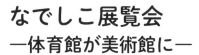

なでしこ展覧会
―体育館が美術館に―

　小金井小の「なでしこ展覧会」は、3年に一度開催されます。作品を味わいながら自分や友達のよさや個性を認め合い、相互理解を深めることをねらいとしています。

　展覧会期間中は体育館がまるで美術館と化し、特別な雰囲気に包まれます。全校共通のテーマのもと、図画工作科や家庭科などの授業で製作した作品を展示します。装飾された体育館には、子供たちの個性豊かな作品や一人一人の思いがいっぱいに広がります。

　どの子も、作り手として作品への思いをもち、展覧会の作品づくりに没頭しています。子供たちは、展示された作品を見て、集合展示による空間の面白さや美しさを感じたり、友達の作品のよさや、違いに気付いたりします。作品の鑑賞を通して感じたことをカードに書き表し、鑑賞を楽しみます。

　また、保護者にも作品を鑑賞してもらいます。子供たちは自分の作品の工夫したところや、作品に込めた思い、アイディアを伝えます。

　一人一人の趣向を凝らした作品からは、学級や学年をこえた交流が生まれます。鑑賞を通して、上級生の作品に感動したり、下級生の作品に感心したりします。それぞれのよさを認め合い、互いに高め合うことにつながっていきます。

（橋浦　龍彦）

音楽会
―音楽に思いをのせて―

　音楽会では、1年生から6年生までの学年ごとに合奏や合唱を行います。例年、1日目が児童鑑賞日、2日目が保護者鑑賞日と2日間にわたって行っています。どの学年も演奏者としての思い、自分たちが解釈した音楽を聴き手に伝えたいという思いをもって発表に臨んでいます。

　演奏が始まるまでの時間は、緊張感が漂いますが、演奏が始まると、近くにいる仲間とアイコンタクトを取り、リズムをとりながら音楽を楽しんでいる姿が見られます。

　合奏では、児童が指揮者となって行います。太鼓やタンバリン、トライアングル、鉄琴など、様々な楽器を一人一人が担当し、表情からやる気が十分に伝わります。各学年が取り組んできた合奏や合唱には、それぞれの学年の長所や成長過程が見られます。低学年は小さな体で元気いっぱいのかわいらしさ、音に合わせた手遊びに、大人も童心に返って、思わず一緒に手を動かしてしまいます。中学年は声量も上がり、学年の調和を意識したハーモニー

を奏で、観客からの割れんばかりの拍手が鳴り響き、感動の涙も見られます。高学年では、演奏の迫力を出すために強弱をつけるなど、複雑な演奏の工夫が見られ、大人も息をのみます。

（中村　優希）

卒業証書授与式
―成長した姿、感謝を伝える―

　本校の卒業証書授与式は、儀式的行事として厳粛な雰囲気の中で行われます。卒業生とともに、在校生代表として5年生が参加します。1年生から4年生は、各学年を代表して1名ずつが参加します。

　卒業証書授与では、担任から一人一人が呼名され、体育館に響き渡る声で返事をした後、学校長から卒業証書を授与されます。お世話になった教職員や育ててくれた家族、ともに学んできた同級生や下級生への感謝の気持ちをもち、6年間の成長した姿を見せようと、真剣な態度で臨みます。

　代表として参加する在校生も、緊張感をもって式に臨みます。特に5年生は、式場設営や6年生との合同練習も行います。卒業生の微動だにしない態度や、呼びかけの迫力に圧倒され、一年先輩として近くで見てきた6年生に改めて尊敬の念をもちます。5年生は、卒業生を祝福するとともに、「次は自分たちが小金井小を背負っていく」という思いをもち、新たな小金井小をつくっていきます。

　卒業のことば、卒業生を送ることばは、ともに学んできた仲間と心や声を一つに、言葉の意味を噛みしめながら発します。

　式では、「仰げば尊し」「蛍の光」「校歌」を歌います。現在では歌う学校が少なくなった「仰げば尊し」ですが、感謝の心を大切にするために、変わ

らず歌い続けています。校歌は3番までありますが、3番まで歌うのは、卒業証書授与式のみです。本校の数ある行事の中で、卒業証書授与式をそれだけ重要な行事として位置付けています。

（橋浦　龍彦）

「こえる学びの拡張」を視野に入れた
学習環境デザインを追究して

① 学び得た後を大事にする

①仲間と共に学ぶことによる「こえる学び」と「こえる学びの拡張」

　「こえる学び」は子供一人一人の没頭、実践、往還する姿が主となるため、表出しにくいことから教師による評価方法に課題がありました。そこで、本校の子供の特色である「仲間と共に活動する」を学習環境デザインに取り入れることで、語りや動きによって子供の思考が表現されるようになり、何を考え、何を求めているかがあらわになり、子供の思考過程の見取りに生かす一助となりました。また、仲間と共に活動する授業は、子供一人一人の概念を刺激します。友達の考えに疑問をもったり、感化されたりする情動や、友達に協力を仰ぐ様子は、子供自身の「こえようとする学び」を明確にします。

②こえる学びの拡張

　学習後の子供が学びを継続する姿や、他の学習や生活に学んだことを転移させて生かそうとする「こえる学びの拡張」。それらを実現させるためには、子供自身が活動の一歩を踏み出すための原動力やきっかけが必要になります。子供はこれまで、学びに対して興味はもてたとしても、学び続けることを実行に移せなかったり、新たなひらめきを得ても、その考えは時間と共に消滅してしまったりすることがありました。授業で得られた「こえる学び」を自身で発起するには、教師の支援よりも友達との関わりが大事になります。同じような考えをもった子、自分とは異なるスキルをもった子と関わることは、自身の学びを実行する小さなステップとなるのではないか。これはまさに「こえる学びの拡張」につながるでしょう。「こえる学びの拡張」は、子供主体でなくてはいけません。私たちが授業終了後にできることは、子供が学び得た感性をどのように価値付けていくかだと思います。

③新たな共同体を作る必要性

学習環境デザインに「仲間と関わる学び」に焦点を置いたことで、「こえる学びの拡張」の可能性が見えてきました。子供が自分と似たような目的や思考、または知識、技能を持ち合わせた子（場合によってはそうではない子）を求め、新たなグループを自ら編成していく学習環境こそ、自身の「こえる学びの拡張」を高めるのではないかと考え、新たな研究課題となりました。

④学習カリキュラムの整理

授業実践を重ねていくことで、他教科や分野との関わりの重要性、いわゆるカリキュラム連携の必要性を感じ得ました。本校の研究は、教育内容と教育活動を外部も活用しながら効果的に組み合わせる内外リソースの活用としたカリキュラムです。子供の発想や思いを効果的に他教科や生活に組み合わせていくために、今ある学校の学習教科や領域・生活面における分野を見直し、教師が再整理していくことが大事とされます。私たちには、子供自身が学び得たことを柔軟に活用することができる広い学習環境を提供できるよう、新たな視点で研究実践を続けていくことが求められます。

2 おわりに

著書をまとめるにあたり、研究会での授業実践と協議会から得られた成果は大きなものとなりました。また、講評として多くの講師の先生方から専門的・本質的な講話をいただいたことにより、「こえる学びの拡張」という抽象的な研究主題に対して具体的な示唆に富んだ話を拝聴することができました。この場を借りて感謝申し上げたいと思います。

私たちは研究を通して、本校のこれまでの教育を見つめ直すことができました。教師が同じ意識をもち、教育全般の指導の方向性を合わせようとする姿は、教職員にとっての「こえる」だったのではないかと思います。本校の研究は３年で区切り、新たな研究へと踏み出します。「こえる学びの拡張」という学校生活全体に目を向けた理論と実践の蓄積は、子供たちの学校生活を豊かにし、将来に大きく影響していくものと願っています。

研究推進　三井　寿哉

おわりに

副校長　塚本　博則

　「こえる学びの拡張」というテーマを設定してから3年が経過し、研究の区切りを迎えることとなりました。そこで、3年間の研究成果をまとめ、本冊子を発行することになり、これまでの道程と研究の区切りの先に見えてきたものを皆様に提示させていただく運びとなりました。

　「こえる学び」は、一人一人の没頭、実践、往還する個の活動が中心でした。しかし、学習環境デザインに仲間と共に活動することを取り入れることで、子供の思考が表現され、見取ることができるようになりました。また、仲間と共に活動する授業は、子供自身のこえたい学びを明確にすることにつながり、思いや願いを強固にする働きがあることが分かりました。

　「こえる学びの拡張」は、学校生活全体に目を向け、一人一人が学びを継続したり、転移させたりして、子供自身が主体となって学ぶ姿をイメージしています。授業で得られた「こえる学び」を、自らの力で展開していくには、教師の支援だけではなく、仲間との関わりが肝要です。この仲間と関わる学びが「こえる学びの拡張」につながります。しかし、授業以外の時間に、自ら友達を求めて新たなグループを編成し、仲間と関わる学びを成立させていくことは、容易なことではありません。今後の課題として、子供たちが豊かな学校生活を送ることができる姿を願い、さらに実践を積み重ねていく所存です。

　2023年2月4日の研究発表会にご参加いただいた先生方には、公開授業の成果および改善点、新たに得られた知見等をそれぞれの学校等にお持ち帰りいただき、ご自身の実践にご活用いただけたら幸いです。授業づくりにおける地道な取り組みや地域の教育研究協議会等とのネットワークの構築は、今後も本校の重要な取り組みとして継続していきます。

　最後になりましたが、3年間にわたる研究を進めるにあたり、多くの先生方から各教科等の専門的なご指導ならびに研究テーマ等に関する本質的なご指導を賜りました。厚く感謝、御礼を申し上げます。ありがとうございました。

執筆者一覧

校長	小森　伸一		
副校長	塚本　博則		
国語科	大村　幸子	小野田雄介	成家　雅史
	橋浦　龍彦		
社会科	清水　和哉	牧岡　俊夫	
算数科	池田　裕彰	尾形　祐樹	加固希支男
	坂本　昌謙		
理　科	小林　靖隆	中村　優希	三井　寿哉
生活科	富山　正人		
音楽科	忰山　恵		
図画工作科	守屋　建		
家庭科	西岡　里奈		
体育科	隈部　文	佐々木賢治	濵田　信哉
道徳科	遠藤　信幸		
外国語活動・外国語	中村　香		
食育	横山英更子		
ICT	小池　翔太	佐藤　牧子	鈴木　秀樹

続　子供がこえる学び

―予測困難な社会を生きぬく子―

2023（令和5）年1月21日　初版第1刷発行

編著者：東京学芸大学附属小金井小学校
発行者：錦織圭之介
発行所：株式会社 東洋館出版社
　　　　〒101-0054　東京都千代田区神田錦町2丁目9番1号
　　　　　　　　　　コンフォール安田ビル2階
　　　　代　表　電話 03-6778-4343　FAX 03-5281-8091
　　　　営業部　電話 03-6778-7278　FAX 03-5281-8092
　　　　振　替　00180-7-96823
　　　　Ｕ Ｒ Ｌ　https://www.toyokan.co.jp

装丁・印刷・製本：藤原印刷株式会社

ISBN978-4-491-05136-9／Printed in Japan